Classical Musician

古典音乐家就是这样子！

12 位音乐大师的妙趣人生

乐同和 著　骑士映画 鹭汀 绘

人民邮电出版社
北　京

作者序

读中小学的时候，我觉得历史课最"烦人"。

上课时拿出课本划重点，下课时拿着练习册背题：历史朝代、社会发展状况、历史事件、历史意义、历史人物生平及其历史贡献……

那是奉行苦读主义的时代，学知识有时候是靠"死记硬背""生吞活剥"的，我总觉得这样的知识没有味道，没有乐趣。读书真是苦，尤其读历史。

直到上了中等师范学校，这种感觉才有变化。

讲台上的历史老师是个"段子手"，从不照本宣科，现场解说"明朝那些事儿"，历史人物就像他的亲戚、朋友似的，怎么生的，长什么样，怎么念书的，怎么做官的，和谁结了梁子，怎么没的……全都门儿清！让我不由得兴奋起来，历史竟是这么好玩呢！

这位老师给了我很大的启发，让我对历史课本产生了从来没有过的阅读冲动。以后再读历史书，就把书里的古人想象成现代人，好理解，有意思。

学了音乐之后，有许多朋友对我说听不懂古典音乐，很苦恼。我了解，在他们的头脑里，古典音乐也就是贝多芬、《月光曲》、盲人姑娘那点事，因为小学课文里提过；听唱片、音响对他们而言基本不可能；偶尔去蹭个音乐会，结果还能睡着了。

我对他们说："不是你不懂，是你不熟悉。"

其实，那些被奉为圭臬的经典歌曲、乐曲、剧曲，就是某个时代的流行歌、主旋律、地方戏；那些已经被推到神坛上的"乐圣""乐仙""乐魔"，其实也和我们当代的艺人、明星一样，没有那么神秘。他们的人生也如常人，有的

有良好的出身，有的是"草根逆袭"的范例；他们也上学，也参加"中考"、"高考"，也找工作、租房子、谈恋爱、结婚生子；他们也苦于职场竞争、身陷"绯闻"，或有当"孩奴""房奴""车奴"的烦恼；他们也同我们一样，经历懵懵懂懂的童年时期、不知天高地厚的少年时期，惨淡经营的中年时期，偶有悲凉的老年时期。

你接近他，想象他的生活，感受他用音乐诉说时的语气——那是他的真实情感，你听到什么，就是什么。这就算听懂了。

这本小书，其实也是奔着这个目标来的。我想把西方音乐史中冰冷的规律、意义、逻辑剔除，留下一些有趣的桥段，让里面的人说话，说现代的话，和我们说话。

"大神"也是人。

大人物也有小心思。

或许，你能从这些"大神"身上，看到现在的渺小的自己。

你也可以成为大人物。

感谢出版社的编辑老师策划、统稿，感谢骑士映画的鹭汀老师绘图。

是为序。

目录

第1章 "爱跳槽"的巴赫

作曲家代表作

巴赫

大型声乐作品：《b 小调弥撒曲》《马太受难曲》

小提琴曲：《六首无伴奏奏鸣曲及帕蒂塔》《G 弦上的咏叹调》

钢琴曲：《平均律钢琴曲集》《法国组曲》《英国组曲》《d 小调托卡塔与赋格》

室内乐：《赋格的艺术》

管弦乐：《c 小调帕萨卡利亚与赋格》

协奏曲：《F 大调第二勃兰登堡协奏曲》《G 大调第四勃兰登堡协奏曲》

1685 年—1750 年

> " 巴赫的创作并不是为了后人，甚至也不是为他那个时代的德
> 国，他的抱负没有超出他那个城市、甚至他那个教堂的范围。 "

法国音乐评论家保罗·朗杜尔说："巴赫的创作并不是为了后人，甚至也不是为他那个时代的德国，他的抱负没有超出他那个城市、甚至他那个教堂的范围。每个星期他都只是在为下一个礼拜天工作，准备一首新的作品或修改一首旧的曲子；演出后，他就又把作品放回书柜中去，从未考虑拿来出版，甚至也未想过保存起来为自己所用。世上再也没有一首杰作的构思与实践像这样天真而纯朴了！"

"大神"

在距今 300 多年的巴洛克时期，有位德国的音乐家叫巴赫（1685 年—1750 年）。如今，这位音乐家在音乐界已被公认为"神"一样的存在。他的音乐号称是"一种像宇宙本身一样不可思议的本体现象"；能写出这样伟大音乐的他，则被认为是"一切音乐中最伟大的奇迹"。勃拉姆斯说："研究巴赫，你将在那里找到一切。"

巴赫作为这样一位"大神"，其实并不自知。如果说他知道自己在去世百年以后，竟然成了家喻户晓的音乐"大神"，估计会开心得"从天堂回到人间"。因为，这个"大神"的名号是后人对巴赫的尊称。在巴赫所处的历史阶段，他的一生其实并没有我们想象的那样辉煌。

去世后才出名

　　虽然巴赫从小就开始学习音乐、了解音乐、创作音乐、表演音乐，但他生前只被看作是一位杰出的管风琴演奏家和鉴定家，没有人给他足够的重视与崇敬。作为管风琴大师、善于使用艰深对位法的作曲家，巴赫在德国有一定知名度，但同时代比他有名的作曲家太多了，在欧洲，至少有 6 位这样的"著名"作曲家。客观地说，巴赫就是一个普普通通、平平凡凡的乐手、指挥和作曲家，和当时许多德国的音乐家一样，他有点儿小名气，但绝对不是什么"大腕儿"。

　　巴赫去世的时候的影响力，要是和我们熟知的贝多芬相比，可能不是一个等级。在巴赫生前和死后的 50 年间，他的作品并没有引起人们足够的重视，直到他的《平均律钢琴曲集》出版以后，这种情况才有所改变。这个功劳是门德尔松的，1829 年，门德尔松在柏林重新上演巴赫的《马太受难曲》，后来门德尔松不断地演出巴赫的作品，不遗余力地推广他，巴赫才真正得到了人们的重视。

音乐家族

　　巴赫的全名叫约翰·塞巴斯蒂安·巴赫（J.S.Bach），约翰是他的名字，相当于小名，塞巴斯蒂安是沿用他受洗的埃森纳赫教堂的教父的名字，巴赫是他的家族的名字，相当于姓。"Bach"在德语中是小溪的意思，但贝多芬赞美巴赫："他不是小溪，是大海！"

　　巴赫的家族是德国图林根地区鼎鼎有名的音乐世家。巴赫的哥哥、叔叔、爸爸、爷爷，甚至他祖上好几辈人都是"搞音乐的"。这一大家子，差不多从1560 年前后到 19 世纪，基本都是音乐家，还有好几个是当时比较"红"的名人。到了约翰·塞巴斯蒂安·巴赫这儿，其实已经是延续音乐产业的第六代人了。可以说，巴赫是带着非常优质的音乐基因降生到人世间的。

古典音乐家就是这样子！12 位音乐大师的妙趣人生

门德尔松

要说生在音乐世家固然幸运，巴赫从小就可以学习小提琴和羽管键琴；但这点小幸运不足以平衡他的不幸。巴赫的幼年很不幸。他刚满9岁，母亲就去世了。他的父亲很快给他找了一位继母。结果刚过了一年，他的父亲老巴赫又去世了。巴赫和两个哥哥就成了孤儿。继母是不想管他们这几个孩子的，好在大哥已经成年，自然就接管了两个小兄弟。

巴赫的哥哥在奥德拉夫布村当管风琴师，一年下来有点儿收入，可以养活两个弟弟。虽然生活比较艰辛，但是巴赫的哥哥还是秉持着"再苦不能苦孩子，再穷不能穷教育"的理念，坚持让两个弟弟去当地的学校学习，并且得空还会给小巴赫辅导一下羽管键琴、管风琴、小提琴的练习功课。

抄乐谱

巴赫是一个学音乐的好苗子，从小就热爱音乐。除了刻苦练琴外，他还喜欢琢磨作曲。他在音乐上有"十万个为什么"想要弄明白，但不知道去问谁——给他开蒙的老爸已经去世了，大哥虽然愿意让他学音乐，但也仅限于乐器表演，因为那样他就可以早早地靠这门手艺谋一口饭吃，给家里减轻负担。所以，巴赫只能自学作曲。他自学作曲的方式很简单，就是抄乐谱。通过誊抄或改编其他作曲家的乐谱，巴赫学到了许多优秀的作曲家的写作技法。

不过这种抄乐谱的学习行为，在大哥那里并没有得到认可，因此巴赫只能偷偷地进行。每到月光明亮的夜晚，小巴赫就盼着大哥早些睡着，然后偷偷地把锁在柜子里的乐谱取出来，借着月光抄写，就这样他一直抄了6个月。眼看快抄完了，结果却被大哥发现了，于是巴赫被"狠揍"了一顿，巴赫抄好的乐谱也全部被没收了。

有工作了

在巴赫15岁那年，200英里（1英里=1.609344千米）外的吕讷堡的圣迈克尔学校（修道院）需要男童歌手，于是巴赫离开了大哥，去当了男童歌手。但当男童歌手毕竟有局限，嗓子状态一不好，就唱不成了。好在巴赫会弹管风琴、拉小提琴，这个特长让他在修道院站稳了脚跟。而且，这个老修道院对巴赫来说是个好地方，因为那里有他的最爱——书和乐谱。

巴赫在修道院重操抄谱旧业，不过这次没人揍他了。更棒的是，在修道院中有一位荷兰管风琴大师给巴赫当老师，指导他弹琴。聪明的巴赫，不到3年就出师了。

18岁那年，巴赫决定离开学校，去外面闯荡。他去了巴赫家族年年聚会的地方——图林根地区的小城阿恩施塔特。这个地方的教堂新装了一架管风琴。听说巴赫跟大师学艺回来了，那里的人就想着考考他，让他弹弹新琴。结果一出手，巴赫就把在场的所有人"震"住了。太好听了！大家都不想让巴赫走，说："这琴简直就是为你准备的，你快扎根下来，就在这儿生活吧。"

巴赫心想，好啊，我正愁没地方去呢，这下有工作了。但一打听，发现这个教堂原本就有一个管风琴师，他留下来，肯定就会让人家丢了工作。巴赫是个善良厚道的人，这种"不仗义"的事他做不出来，直到那些忠实的听众自发筹钱资助原来的乐师，他才欣然留下。在这里，巴赫不仅弹琴，还教琴、帮乐队排练、打扫卫生、照看锅炉，真是个老实人。

犯错误

在这个教堂工作期间，巴赫还犯过错误，受过处分。他曾经为了听一场他喜欢的音乐家的管风琴演奏会，利用假期出走。他长途跋涉，走了 200 多英里（1 英里 =1.609344 千米），从阿恩施塔特走到吕贝克，如愿以偿地听到了布克斯特胡德的演奏会。布克斯特胡德是位在艺术上很有造诣的音乐家，有生之年让吕贝克成了整个北欧的音乐中心。可惜布克斯特胡德自那次出演后很快就去世了，所以这次的音乐会就显得太可贵了。大师的音乐十分动听，巴赫自然是听得如痴如醉，不想离去，最后因为没有及时赶回去上班，被顶头上司严厉批评，连职位也没了，从正式工变成了临时工。

不过，在巴赫看来，被骂一顿、被解聘都是值得的，因为他的收获太多了。布克斯特胡德的音乐创作"大招"自然是被巴赫学到了。巴赫的几首托卡塔和幻想曲，乐思非常丰富，篇幅较长，就很有布克斯特胡德的托卡塔的影子。

巴赫得罪了上司，可能也另有隐情。他们那里前任乐师的女儿喜欢上了巴赫，还主动向巴赫求婚，结果被巴赫严词拒绝了，一点面子都没给她留。他甚至还让一位大家都不认识的女孩子登上管风琴台，站在自己身边。这样就彻底惹恼了大家，招来了责骂。巴赫才不管这些，他慢慢悠悠地向大家宣布："这就是我的未婚妻，也是我的表妹——玛丽亚·芭芭拉·巴赫。"（那时表亲之间是可以结婚的）很快他们就结婚了。

"跳槽"

超假不归耽误排练、给赞美诗伴奏时乱加变奏等，都成了巴赫的"罪状"。在某次严肃的会议上大家对他进行了"大批判"。巴赫想："咱惹不起咱还躲不起？我撤了，不和你们玩了。"他听说米尔豪森市的圣布拉西乌斯教堂的管风琴师去世了，就赶紧派人去递帖子，说他可以为其弹琴，希望教堂雇用他。

很快，这个新差事就搞定了。以巴赫的名气，新教堂给他开的工资还不少，还给他报销路费，这自然是大好事。春风得意的巴赫就大张旗鼓地举行了自己的婚礼，故意要气一气那些人。

巴赫是 22 岁到米尔豪森布的，但是没呆多久，这个地方又兴起了一场神学争论运动。巴赫自然不会左右逢源，但又被逼着要表态，因此他很难过。他知道这种是非之地不可久留，便想着离开。这时魏玛的魏尔海姆·恩斯特大公获知此消息，立即向巴赫投来橄榄枝。但离职手续办得很艰难。巴赫只能像"仆人"一样，忙着把所有事处理好，尽量让"主人"满意，连修管风琴这种活也干了。

终于，巴赫又一次跳槽了，那一年他 23 岁。巴赫在魏玛宫廷做管风琴师，一干就是 9 年。先是当圣乐团的管风琴师，后来又晋升为乐队首席。在这里，巴赫接触并熟悉了法国、德国、奥地利、意大利一些杰出作曲家的创作风格，汲取了丰富的艺术养分。

不值钱的曲子

巴赫在魏玛写了大量的音乐，光后人整理出来的康塔塔（每周礼拜日要用的宗教仪式套曲，包含独唱、重唱、合唱等形式的一系列歌曲）就有 190 多首，这些都是经典名作。这些谱子还都是幸存下来的，那些没有存下来的都被收藏这些谱子的学校里的孩子们用作包面包的纸了。想想也真是可惜。

巴赫曾去勃兰登堡出差。勃兰登堡的领主早就听说过巴赫的大名，于是，就想请巴赫写几首作品。巴赫就誊抄了自己之前的 6 首作品，做成了一本合集献给他。这本合集中有小提琴、羽管键琴、圆号、双簧管、低音维奥尔、小号等多种乐器合奏，生动有趣，非常动听，这就是那组著名的《勃兰登堡协奏曲》。

此人经常跳槽，需多加注意。

但是呢，勃兰登堡领主那里的音乐家水平不太高，这几首作品竟一直没有被公演过。而且在勃兰登堡的领主去世之后，这些乐谱还被当成废纸卖掉了。幸运的是，这些乐谱被巴赫的一位学生买去，献给了一位公主。这才使这部经典作品在皇家得以保存，并在一个世纪后首演。

斗琴

巴赫在魏玛待得还不错。32 岁那年，他偶尔去了一趟莱比锡，结果与一位叫路易·马尔尚的法国音乐人发生不愉快。这人公开嘲笑巴赫的靴子和假发，连带嘲笑了他的音乐。巴赫倒也不恼，反而还对他十分客气。于是一些业界友人就发起了一场赛事，邀请双方一起到某个伯爵家中现场竞技。巴赫自然是去了，然而那位夸夸其谈的音乐家却不敢应战，早早开溜了。

巴赫因此在莱比锡获得了好名声。等他回到魏玛，却因为和主人恩斯特王子拌了几句嘴而闹翻了。这位本来很开明的王子一气之下，将巴赫关进大牢20 天。但巴赫很好地利用了这段时间，在大牢里写出了许多优秀的管风琴曲。

多产作曲家

33 岁时，巴赫在克腾一位亲王的宫中做了乐长，相当于如今的音乐总监，38 岁时他又转到圣·兰托马斯学校任指挥，并在莱比锡任乐正，一直工作到65 岁时去世。在这期间，巴赫创作了大量的音乐。据不完全统计，巴赫一生中共创作了 1128 首曲子，还有 23 件作品丢失或未完成。

可以说，巴赫一生都在为别人弹琴、创作，写了一辈子"命题作文"。在阿恩施塔特、米尔豪森、魏玛工作时，他的主要任务是为教堂弹管风琴，所以他的作品基本都是管风琴曲。在克腾工作时，他主要是在贵族家庭或宫廷里表

演音乐、教音乐，所以这一时期他写了大量的钢琴曲和器乐重奏曲。在莱比锡工作时，巴赫不仅写管风琴曲、钢琴曲，还为教堂写了许多部康塔塔。对于演奏和创作，巴赫乐此不疲，他是把工作和兴趣爱好结合得很好的一个人。

贤内助

巴赫有过两任妻子，第一任是表妹芭芭拉。很可惜，在巴赫 35 岁那年，芭芭拉就去世了。这件事对巴赫的打击很大。这位糟糠之妻曾经在最困难的时候给予巴赫默默的支持。巴赫只能感叹命运的残酷与不公。他带着前所未有的思念，为她谱写乐曲，又专门为他们的孩子写了一部《钢琴曲集》。

巴赫的第二任妻子是安娜·玛格达莱娜，一位年轻的女高音歌手，在结婚后她继续她的歌唱事业。像我国宋代的赵明诚和李清照这一对夫妇的志同道合一样，巴赫夫妻对音乐共同的热爱，使得他们的生活充满了快乐。

在平时的音乐生活中，安娜通常负责记录丈夫的音乐，巴赫也时不时向她献曲，表达爱意。很多经典乐曲都存在安娜的笔记本里，前面提到的《平均律钢琴曲集》就是为她创作的。

生孩子

在那么忙碌的几十年中，从 23 岁到 57 岁，巴赫一共有 20 个孩子。

在巴赫的 20 个孩子中，有 10 个没活过成年，1 个轻微智障，4 个成为了知名音乐家。巴赫在自己的家庭中，总是把营造音乐氛围看得很重，他热衷于为妻子、孩子作曲，也喜欢指导自己的孩子进行创作。重视音乐家庭教育，让他的音乐变得更沉稳、严谨。孩子们也是他音乐创作的源泉和动力。

失明

　　巴赫在老年的时候视力出现了问题，虽然有位叫约翰·泰勒的眼科医生医治，但最终还是失明了。据说巴赫的音乐劲敌、音乐史上与巴赫齐名的著名作曲家亨德尔后来也失明了，主治医生也是这位约翰·泰勒。

　　虔诚信奉上帝的巴赫只能凭着崇高的信念来工作。在这以后，巴赫已经不能下笔了，但他在黑暗中依然坚持靠口述作曲创作。

　　1750 年巴赫于莱比锡去世。

第2章 "老实巴交"的海顿

作曲家代表作

海顿

大型声乐作品:《创世纪》

钢琴曲:《c小调第二十钢琴奏鸣曲》

室内乐:《降 B 大调弦乐四重奏》

交响曲:《第九十四交响曲》("惊愕")《第一〇一交响曲》("时钟")

《第一〇三交响曲》("鼓声")《第一〇四交响曲》("伦敦")

1732 年—1809 年

> 他为人谦虚，是一个中规中矩的人，一个有耐心、有毅力的"苦行僧"，一个处事得体、生活规律的音乐人。

西方古典乐派"三巨头"，贝多芬、莫扎特、海顿，也号称"维也纳三杰"，而维也纳正是当时欧洲的文艺之都，由此可见"三杰"的艺术地位。他们都处于西方音乐历史发展的一个高峰阶段，叫作"古典主义时期"，从 18 世纪中叶到 19 世纪中叶，古典主义时期维持了大约 100 年的时间。"三巨头"若按照出生年份排序，应该是海顿、莫扎特、贝多芬。从个人关系上来说，海顿和莫扎特算是忘年交；贝多芬则应该是小一辈的学生，莫扎特和海顿先后都教过他。

人生坐标：莫扎特

　　海顿和莫扎特，都是活跃于18世纪晚期的作曲家。海顿要比莫扎特大两轮，两人整整相差24岁，但这并不影响两人的交情。两人相互欣赏和学习，还在曲风上相互影响。可要是比生活状况，海顿就比莫扎特好很多。首先，海顿"活得长"：莫扎特英年早逝，35岁就去世了；而海顿比莫扎特生得早，去世时间却还要晚一些，海顿足足活到了77岁，在18世纪的欧洲也算是高寿老人了。其次，就物质生活水平而言，莫扎特被好几个主人撵出门外，颠沛流离，物质生活并不算富裕；海顿则不然，他供职于贵族府中，生活安稳。

两种不同的际遇或许源于二人不同的艺术天分和性格特征：莫扎特是非常早熟的天才，很小就会作曲、弹琴；但海顿就晚熟得多，在莫扎特生前，海顿没有几首让人知道的曲子，他的成名作都是在莫扎特去世以后的 18 年中创作的。莫扎特是天之骄子，生性放荡不羁，变化无常，爱引人注目；但海顿不是这样，他为人谦虚，是一个中规中矩的人，一个有耐心、有毅力的"苦行僧"，一个处事得体、生活规律的音乐人。在音乐才能上，两人也有区别：莫扎特弹得一手好钢琴，海顿在演奏上则并不出色，只是偶尔在四重奏中拉一下中提琴，但他擅长指挥。

自学成才

海顿（1732 年—1809 年）出生在奥地利东部一个叫罗劳的小镇，靠近匈牙利边境。6 岁时，海顿开始跟着他的启蒙老师，也就是他的叔叔一起生活。8 岁时，他就被选为维也纳圣斯蒂芬大教堂唱诗班的歌童，在那里唱歌。这个时候，是小海顿获得大量音乐实践经验的时期，但可惜，他没有机会接受系统的音乐理论教育。之后，小海顿长大了，到了变声期，嗓子不适合再唱童声了，也就失去了这份工作，只能靠打零工和教课勉强度日。这个时候，海顿照着富克斯的《艺术津梁》这本书，自学了一种叫"对位法"的作曲技术。同时，海顿逐步进入了维也纳的名人圈子，也跟著名的意大利作曲家兼声乐教师尼科洛·波尔波拉上过几次作曲课。这大概就是海顿的全部学习经历，可以说，海顿就是一个"草根逆袭"的人生赢家。

不错的工作

在 26 岁或 27 岁那年，海顿终于有了一份较为"体面"的工作——波希米亚贵族莫尔钦伯爵府圣堂的"音乐总监"。在这个职位上，海顿写出了他的

第一部交响曲。两年后，海顿跳槽了，同时也迎来了他的人生重要转折点：找到了他一生中最重要、最慷慨的主人——保尔·安东·埃斯特拉齐亲王。此人热爱音乐，慷慨资助各项艺术活动，最重要的是，他是匈牙利王族之长，有权有势有财富，还有个同样了不起的兄弟——尼古拉斯。海顿在保尔亲王手下工作的第二年，尼古拉斯就承袭了他兄弟的亲王王位。在这位亲王手下，海顿做了近 30 年的作曲、指挥、乐队管理等工作。

海顿能干这么长的时间，主要是因为跟着亲王在埃斯特拉齐行宫工作，生活滋润：一是自然环境好，二是人文环境好。埃斯特哈齐行宫虽然离维也纳远，但那里的建筑和园林是参照法国凡尔赛宫修建的，豪华至极，光剧院就有两个，一个演歌剧，一个演木偶剧；音乐厅也有两个，富丽堂皇。海顿的任务就是给亲王写各种风格的音乐，并指挥演出、培训所有的音乐人员、管理乐器等。乐队原来有 10 人，海顿来之后又增加了 15 人，加上歌剧演员 12 人，海顿管着几十人，日子过得很是不错。

海顿有一帮朝夕相处的音乐家同事。这些音乐家都是从奥地利、意大利或其他地方来的顶尖选手，每天在亲王私房中演奏"室内乐"（几个乐器的小组合）。亲王通常还亲自参加演奏，展示一下他的音乐才艺，拉个"巴里东"——一种增加一套金属共鸣弦的"维奥拉达甘巴"（这个乐器类似于大提琴，但后来被大提琴取代了）。每周，他们会举行两场音乐会，再演两部歌剧，有时还有专门为某个贵宾演出的歌剧和音乐会。总之，埃斯特哈齐行宫每天都歌声绕梁。

好老板

海顿与他的老板和同事们关系处得不错。他曾说："亲王欣赏我的每一项工作，表扬我。作为乐队指挥，我可以进行试验，观察是什么乐器加强或削弱了效果，从而改进、替换、省略或试用新的东西。"海顿的老板通情达理、体

贴热情、鼓励创作。开始海顿与老板签订的合同是不允许他"接私活"的。海顿在合约期间，不准出售、赠送他所创作的所有乐曲。但后来，老板也睁一只眼闭一只眼，放松了对这一条款的制约。四五十岁时，海顿逐渐出名了，欧洲各地的出版商和个人都找上门来，希望能买到他的作品。这使得海顿生活十分富足，还在维也纳城里买了大房子。1790 年尼古拉斯亲王去世后，海顿就搬到他自己的房子里住了。

巡演

　　尼古拉斯亲王去世后，海顿就开启了他的伦敦演出季之旅，去一次就是一年半，而且还去了两次。他还有一个专门的经纪人帮他打理财务，他自己则专心作曲、指挥。他的大量名作都是在这个时期诞生的，最有名的就是那 12 首《伦敦交响曲》。回奥地利以后，海顿大部分时间住在他自己的房子里，但仍然在埃斯特哈齐行宫上班。只是这时候，埃斯特哈齐行宫的主人、继位的亲王尼古拉斯二世，对海顿的音乐不是特别感兴趣，顶多就是借海顿的名气附庸一下风雅，对外显摆显摆。海顿本人就像一个"花瓶"一样被供在亲王府里，这有点埋没了海顿的才华。这时除了作曲，海顿没什么事情好做，因此就潜心创作，包括四重奏、清唱剧，他写了好几部好听的乐曲，这些音乐成了他流传最广的代表作。

"冒牌货"

　　因为海顿有很大的名气，所以海顿生前身后都有许多模仿者——为了赚钱而模仿海顿的作品。海顿一共创作了多少首曲子？没人能说清楚。因为他活着的时候，也不像其他作曲家一样会记录，没有登记一下写过哪些曲子。这让后人在给他编订作品评注本时遇到了很多困难，直到现在也没有一本完完全全的

曲集。这样，就导致"冒牌货"涌现。18 世纪以及后来，有许多出版商盗用海顿的盛名出版了许多"海顿音乐"，仅现在已经查实的"冒牌货"就有 200 多首，包括交响曲 150 首左右，弦乐四重奏六七十首。例如很有名的《玩具交响曲》，素来被大众认为是海顿充满童真天性的代表作，但后来却被发现是个赝品。它其实有可能是莱奥波德·莫扎特（不是我们熟知的沃尔夫冈·阿玛多伊斯·莫扎特）创作的曲子。类似这样的伪作层出不穷，原因不言而喻——可以卖个好价钱。

命题作文

海顿和当时的大多数作曲家一样，大部分时间都要写"命题作文"，一般是应具体节庆要求，或者为熟悉的演奏家、歌唱家创作一些符合要求的曲子。尤其是在为埃斯特拉齐行宫以外的地方演出而创作时，他总是特别小心谨慎，会尽量多地了解作品上演的场合，尽量使自己的音乐"应景"，著名的《伦敦交响曲》就是这样的用心之作。

1790 年，海顿接了一份工作，是专门为他料理英国之行的音乐经理人、同时也是德国小提琴家——萨洛蒙指派的，萨洛蒙要求他创作和指挥 6 首交响曲（后来又加了 6 首），在英国伦敦演出。海顿心知自己已经是一位"当红"作曲家，尤其当时英国人称颂他是"世界上最伟大的作曲家"。这个荣誉太高了，让海顿的压力有点大。他想，大都市伦敦的听众一定会对他的作品有强烈的期待，他不能敷衍了事，得对得起这一称号才行。所以，他竭尽全力，使出浑身解数进行创作。最终，《伦敦交响曲》不负众望，成为他艺术造诣最高的代表作之一，《伦敦交响曲》气势宏大、配器绚烂，赢得了伦敦人的掌声。

海顿新作品集！
走过路过不要错过！

其实是
"海顿新"
作品集……

《惊愕交响曲》

在英国旅居的时候，海顿还写过一部很有意思的交响乐。据说，那时海顿有一个学生，叫伊格纳兹·普莱耶尔，他不仅是海顿的学生，也是海顿的有力的竞争对手。当时，伊格纳兹·普莱耶尔的音乐会也受到了许多英国贵族的关注。海顿为了打败这位对手，就写了一部很有新意的交响曲。新作品演奏的那天，来了许多附庸风雅的贵族，他们本来觉得海顿的音乐还是原来的老套路，第一乐章轻巧流畅，第二乐章速度变慢，开始部分弱起，非常轻，没有什么变化，有点儿像催眠曲，就和往常一样，让人昏昏欲睡。但是没想到，就在这个慢乐章的演奏中，乐队突然爆发出强烈的声音，定音鼓猛烈地敲击，模仿出惊雷的声音，把人吓了一跳。傻了眼的贵族被惊醒之后，也不禁为自己的样子发笑。此后，这部 G 大调 94 号交响曲就被称为《惊愕交响曲》。

庆生音乐会

晚年的海顿声名显赫，但为人低调，他人生最后几年是在维也纳的郊区度过的。76 岁生日那天，海顿的朋友们给他举办了生日宴会，来庆生的客人都是维也纳有名的艺术家和贵族们，"大家"云集，一时风光无限。生日会上还有音乐演出，由海顿自己亲自指挥清唱剧《创世纪》。当合唱队唱到"就有了光"时，海顿激动地指天大喊："它是从那里来的！"他越来越激动，以至于演完第一部分时，人们不得不让他坐进扶手椅里，在回家的路上，许多人都围过来簇拥着椅子，这里面就包括贝多芬。也算海顿半个学生的贝多芬还蹲下去吻了海顿的双手和前额，以示尊敬。快出门时，海顿转过身来，举起双手，像是在祈祷。这次庆生音乐会后，海顿就再也没有在公众场合露过面。

吓人的铁弹

　　海顿足足活了 77 年，在他的时代算是高寿老人了。但不幸的是，他生命的最后一段时间是在残酷的战争中度过的。那年，拿破仑的军队横扫欧洲，击垮奥地利，已经打到了维也纳。一天，已经病倒在床上的海顿突然听到一声巨响，接着就看到一颗很大的铁弹丸砸在了他的院子里，吓得海顿一阵哆嗦。但他还是强撑着，用颤抖而变调的声音大叫道："孩子们别怕！有海顿的地方不会有不幸！"这句话成了他最著名的临终遗言。大街上乱哄哄的，海顿的神经高度紧张。为了安静下来，海顿勉强弹起了钢琴曲《皇帝赞美诗》。他最后一次弹这首曲子，是在他去世的前 5 天。那天他似乎找到了感觉，有点尽兴，没有因为街头的骚乱而分心。当天晚上，他终于平静下来了。1809 年 5 月 31 日凌晨，这位维也纳最引以为骄傲的老人，在自己的家中安然长眠了。

第3章 "神童中的战斗机"莫扎特

作曲家代表作

莫扎特

大型声乐作品:《安魂曲》

小提琴曲:《A大调小提琴奏鸣曲》

钢琴曲:《a小调钢琴奏鸣曲》《A大调第十一号钢琴奏鸣曲》(土耳其进行曲)

室内乐:《G大调第十四弦乐四重奏》

协奏曲:《G大调第三小提琴协奏曲》《降E大调第三圆号协奏曲》

交响曲:《降E大调第三十九交响乐》《g小调第四十交响乐》《C大调第四十一交响乐》
　　　("朱庇特")

歌剧:《唐·璜》《魔笛》

1756 年—1791 年

> 传说他从来没法安静坐着，只要有灵感出现，他就会立刻冲向钢琴，将灵感通过手指在钢琴上弹奏出来。

沃尔夫冈·阿玛多伊斯·莫扎特（1756 年—1791 年），是世界上最著名的欧洲古典主义音乐作曲家之一。

莫扎特出生于奥地利的萨尔茨堡的一位宫廷乐师的家庭，原籍德国。他们家是音乐世家，他的爸爸列奥波尔得·莫扎特是萨尔茨堡宫廷天主教乐团的小提琴手，也是一位作曲家；他的妈妈安娜·玛丽亚·莫扎特也喜欢音乐，会拉大提琴和小提琴。莫扎特是家中最小的孩子，排行第七。莫扎特的父亲形容莫扎特的诞生是"来自上帝的奇迹"，因为他看起来太小、太虚弱，他的父亲以为他不能活下来。

"绝世天才，国际童星"

世界历史上能称得上音乐天才的人有许多，但莫扎特是真正意义上的天纵之才，即完全不用刻意训练就会音乐，可以说，他就是为音乐而生的。

莫扎特 3 岁开始弹奏钢琴时，就可以在键盘上弹出和弦并熟记听过的乐段，4 岁就能弹奏小品，6 岁就开始在父亲的带领下，到慕尼黑、维也纳、普雷斯堡等各大欧洲宫廷公开演出，令其他童星相形见绌。他既会弹奏钢琴、管风琴等键盘乐器，也会拉小提琴。

童年时期的莫扎特就与爸爸一起，先后到德国、法国、英国、荷兰、意大利等国进行了为期 10 年的旅行演出。这段演出经历让莫扎特对当时先进的意大利歌剧、法国歌剧、德国器乐等体裁都有了认识，还结识了巴赫、马蒂尼、萨马蒂尼等作曲家，并学习了他们的作曲技术。

说到作曲，其实小莫扎特的作曲水平比演奏水平更高，他在五线谱上创作比认字还早。他 6 岁时已写成最早的几首小步舞曲，不到 9 岁就完成了第一部交响曲。说个调皮话，交响曲的创作难度系数为"10"，体量相当于研究生论

文。他在 11 岁时创作了第一部清唱剧，12 岁时创作了第一部歌剧，好比写了一部长篇小说。

据说在莫扎特小的时候，有一次，他爸爸与一位朋友一起回到家中，看到 4 岁的儿子正聚精会神地趴在五线谱纸上写东西。父亲问他在干什么，莫扎特答道："我正在作曲。"这小孩子的回答让两位大人觉得好笑，他们看着纸上歪七扭八的音符，认为这只是小孩的胡闹。然而，细心的老爸将儿子的作品认真看过之后，发现这张乐谱不一般，他相信莫扎特将来会成为一名出类拔萃的作曲家，因此开始指导莫扎特作曲，并带领他走上音乐演出的艺术之路。

莫扎特是个聪明伶俐的小孩，非常好动。传说他从来没法安静坐着，只要有灵感出现，他就会立刻冲向钢琴，将灵感通过手指在钢琴上弹奏出来。因为这样，连为他理发都是一件很困难的事，只能让理发师手里拿着头绳跟在莫扎特后面为他理发，就像拴着一头狂野的小马，防止他随时"脱缰"。

多情少年

6 岁时，莫扎特在维也纳百泉宫玩，不小心摔倒，恰巧碰到比自己大一岁的玛丽公主将他扶起。莫扎特对她"一见钟情"，痴痴地说："你真好，我长大一定娶你。"但事实是，等莫扎特长大了，玛丽已嫁给了路易十六，也就是在法国大革命中被处死的那位国王。

即便是在长大后，莫扎特也保持了勇敢追逐爱情的坦率性格。26 岁时，莫扎特在没有征得父亲的同意的情况下，同曼海姆的一位音乐家弗里多林·韦伯的女儿康斯坦泽·韦伯结婚了。

贫困潦倒

莫扎特虽然童年饱受宠爱，但生活对他的宠爱却并没有持续一生。长大后，他的名声和才华，并没有给他带来任何物质上的保障。他的老板——萨尔茨堡的两任大主教，都曾羞辱他并把他赶出宫廷。

17岁那年，莫扎特和他的爸爸从欧洲巡游结束，返回老家萨尔茨堡。这时的莫扎特对自己卑微如奴仆的乐师地位有点不满了，为了争取人身与创作的自由，他决定反抗。经过激烈的斗争，终于在3年后获得了大主教的同意，又跟着他的妈妈进行了2年的旅行演出。

为了另谋职位，以便永远离开萨尔茨堡，他先后在慕尼黑和曼海姆教学、演出。21岁时，莫扎特抵达巴黎，由于妈妈病逝，加上未能谋到职位，他在2年后返回萨尔茨堡。1781年6月，莫扎特再也无法忍受大主教的凌辱，毅然向大主教提出了辞职，到维也纳谋生，他也是欧洲历史上第一位公开摆脱宫廷束缚的音乐家。

之后，他虽然名义上是一位自由作曲家，实际上仍然无力抵抗封建社会对他的压迫。虽然莫扎特从他成功的歌剧中赚了很多钱，但他是一个用钱没有节制的人，经常陷入经济困境。

生活的磨难对他的思想和创作产生了深刻的影响。从25岁到31岁，他一直没有固定收入。他跑到维也纳当"维漂"，结果圈内人用种种卑鄙的手段破坏他最优秀的歌剧的演出。

生活一直都很窘迫倒还罢了，莫扎特还娶了一位用钱无节制的妻子，名字叫康斯坦泽·韦伯，他们结婚9年，搬了12次家。他的老婆借着生孩子、管孩子、生病、看病，就在家歇了6年，而且还成天"买买买"，是十足的"购物狂人"。莫扎特为了挣钱，还要寻找可以资助自己的大老板，为此也要经常买一些精美

的行头来包装自己。这样导致他们家里负债累累，甚至到了冬天都没钱买炭烤火。一家人只能围着空壁炉跳舞取暖。

"赚钱快手"

莫扎特是个多产的音乐家。他的音乐作品中有 50 多首交响曲、23 首钢琴协奏曲、5 首小提琴协奏曲、27 首音乐会奏鸣曲、23 首弦乐四重奏和 22 部歌剧。莫扎特最巅峰的 3 部交响乐——降 E 大调第 39 交响乐、g 小调第 40 交响乐、C 大调第 41 交响乐（朱庇特），都是在他 32 岁那年夏天完成的，前后花了不到 6 周的时间。写得快，"变现"也快，这些作品都很快就卖给了出版商。原因是，家里太缺钱了。

据说莫扎特的歌剧《唐·璜》的序曲，是在首演的当天早晨完成的，而且是在喝醉后写完的。

用鼻尖弹奏钢琴曲

莫扎特还创作过一段特别难弹奏的钢琴曲，按照乐谱，在两手分别弹两端的琴键时，演奏者还需要敲击中间的一个琴键。据说他和海顿打赌，看谁能把这段曲子弹出来，海顿试弹后放弃了；轮到莫扎特演奏时，当那个音符出现时，莫扎特弯腰用鼻子压下了琴键。想象一下那个画面，莫扎特的鼻子该有多尖？用鼻子弹琴的速度该有多快？

"死敌"萨列里

历史上盛传莫扎特有位"死敌"叫萨列里。为获得皇帝、资助者和公众的青睐，萨列里和莫扎特之间存在激烈的竞争关系，萨列里会利用自己在宫廷中

古典音乐家就是这样子！12位音乐大师的妙趣人生

的地位时时刻刻地"压制"莫扎特。但职业竞争可能是形势使然，并非出于人们所知的敌意。毕竟莫扎特在逝世前几周还曾邀请萨列里一同去欣赏歌剧。

死时悲惨

1791 年 9 月，莫扎特完成了最后一部歌剧《魔笛》。之后他开始创作大型音乐作品《安魂曲》，但是到 12 月，《安魂曲》还未完成，莫扎特就去世了，享年 35 岁。

莫扎特死时一贫如洗，他的妻子在他去世后丢掉了他的许多草图和草稿。他有 6 个孩子，但只有两个幸存下来，他的这两个儿子都没有结婚，也没有孩子。

第4章 "愤怒的公牛"贝多芬

作曲家代表作

贝多芬

大型声乐作品：《庄严弥撒》

小提琴曲：《F大调奏鸣曲》《c小调奏鸣曲》

钢琴曲：《第八钢琴奏鸣曲》（"悲怆"）《第十四钢琴奏鸣曲》（"月光"）

《第十七钢琴奏鸣曲》（"暴风雨"）《第二十一钢琴奏鸣曲》（"黎明"）

《第二十三首钢琴奏鸣曲》（"热情"）

室内乐：《D大调弦乐三重奏》《F大调弦乐四重奏》

协奏曲：《D大调小提琴协奏曲》《降E大调第五钢琴协奏曲》

交响曲：《降E大调第三交响曲》（"英雄"）《c小调第五交响曲》（"命运"）

《第九交响曲》

歌剧：《菲岱里奥》（序曲）

1770 年—1827 年

贝多芬崇尚力量，认为力量高于一切，力量是出类拔萃者的
美德，也是他本人的美德。

琴童的苦难童年

贝多芬（1770年—1827年）的音乐启蒙老师是他的父亲，是莫扎特的"骨灰级崇拜者"，波恩教堂的歌手，一个酒鬼，也是一个严厉的爸爸，天天让贝多芬在家练琴，有时半夜还叫醒贝多芬起来练，希望贝多芬成为下一个莫扎特。在贝多芬16岁时，贝多芬的妈妈就因为肺结核去世了，他的爸爸成天喝酒，花钱如流水，嗓子也坏了，没办法在教堂里继续唱歌。贝多芬就在他的爸爸供职的教堂里找了一份差事，挣钱贴补家用，养活弟弟们。

"音乐特长生"的成才路

贝多芬幼时在老家波恩，不仅跟他的爸爸学过基础乐理、视唱练耳，还跟宫廷管风琴师克里斯蒂安·戈特利布·内弗（一个小有名气的歌唱剧和歌曲作家）学过音乐。

17岁那年，贝多芬去维也纳求学。从莱茵河畔的波恩出发，贝多芬坐了一星期的长途班车，风尘仆仆，不远千里，来到维也纳，见到了自己全家人的偶像莫扎特。他给莫扎特展示了一下自己的琴艺，弹得还不错，得到了莫扎特大大的称赞："小伙子，不错呀，未来很有发展呀。"但是后来，贝多芬回老家打工挣钱，5年后，莫扎特就去世了。

贝多芬又一次去维也纳就是莫扎特去世的那年，这次是去拜见音乐界的"大神"海顿。这一年，海顿已经是60岁的老人家了，贝多芬才22岁，很穷，穿得也不好。但他还是慷慨地请海顿喝了一杯咖啡。

实际上，早在两年前，贝多芬就认识海顿了。当时，海顿去伦敦出差，路过贝多芬的老家波恩。因为路途遥远，就在波恩歇了个脚。贝多芬那时还在波恩的大教堂表演。海顿可能听见这孩子弹奏的音乐还不错，就劝贝多芬的主人

科隆大主教："你还是送这小子去维也纳深造吧，他真是个好苗子。"

后来，在维也纳的时候，贝多芬就一直跟着海顿学作曲，大概学了两年，直到海顿去伦敦。同时，他也跟维也纳歌唱剧作曲家约翰·申克、研究作曲技法的阿尔布雷希茨贝格、意大利歌曲作曲家安东尼奥·萨利埃里学习。总之，他一直在学习。

数学"白痴"

贝多芬虽然是音乐方面的天才，但他的数学却不好。他把"6"写得和二分音符一样，更别说计算了。有一次需要计算 36 的 4 倍，贝多芬不会乘法，只好把 36 连续相加 4 次，结果算了半天，却得出一个错误的结果"224"，闹出了笑话。

坏脾气

贝多芬，小个子，小眼睛，黑红脸蛋，草丛一样的眉毛，是忧郁型、力量型的青年。他在年轻时为了锻炼意志和体魄喜欢在冷水里游泳，天天吃完午饭就散步，一散就是一下午，困了就大睡一觉，醒来后又超级悔恨自己睡过了头。贝多芬的音乐里充满了创新和叛逆，就连教过他的脾气很好的海顿，也说贝多芬过于粗鲁。

海顿、莫扎特都受雇于贵族，一不小心就会被辞退，而贝多芬却从不在亲王面前卑躬屈膝，相反，还特别爱"摆架子"，摆出一副"高冷范儿"，甚至还有点粗鲁无礼。他曾说："跟这些人相处没什么不好，但你必须知道如何给他们留下深刻印象。"

贝多芬来到维也纳之后，很快就出名了，与海顿、莫扎特齐名。他受到了许多贵族的优待。其中，李希诺夫斯基亲王一家对他就非常好，亲王夫人像祖母一样对待贝多芬。但是，后来因为亲王一句话没说得体，贝多芬就犯了"牛脾气"，还摔了亲王的雕像，发誓再也不见李希诺夫斯基一家。他在绝笔信中写道："你之所以是亲王只是偶然的出身使然；我之所以是我，是靠我自己赢来的。亲王现在有，将来还会有，成千上万；而贝多芬，永远只有一个。"

"力度！"

贝多芬崇尚力量，认为力量高于一切，力量是出类拔萃者的美德，也是他本人的美德。贝多芬的音乐里充满了力量，强调力度（可能是失聪后听不见的原因）。据说他作曲时，常边弹边喊："力度！我要的力度！"

贝多芬爱上过 3 个女孩子：苔茜、佩皮、朱丽耶塔，她们分别比贝多芬小 4 岁、8 岁、13 岁。年纪最小的朱丽耶塔美丽而奔放，大一些的佩皮温柔而高

做，苔茜则庄重而严肃。据说著名的钢琴奏鸣曲 27 号之二《月光》就是献给朱丽耶塔的。但是 11 年后，贝多芬写过一封"致不朽（永恒）的爱人"的书简，却不是给这位姑娘的。

朱丽耶塔最后也没有嫁给贝多芬，而嫁给了加仑堡伯爵。这个伯爵还曾拼凑莫扎特与凯鲁比尼的作品，写了个序曲，竟能与贝多芬的交响曲同台演出。

佩皮也嫁给了一位伯爵，却不幸成了寡妇。贝多芬常去佩皮家做客，也在自己家教她弹琴。起初贝多芬只是像父亲一样关心佩皮，但后来他开始竭力催促她，想与她发展为婚姻关系。尽管佩皮也喜欢贝多芬，但她却始终没有同意。他们的友谊一直延续到 1807 年。

贝多芬曾与一个叫特丽莎·布伦什维克的姑娘订过婚，他不仅写过曲子献给这个姑娘，还写了曲子献给这个姑娘的哥哥，这首曲子就是著名的钢琴奏鸣曲《热情》，但后来不知什么原因，他同这个姑娘退婚了。

打官司

贝多芬打过两场官司，一场是因为出版作品《威灵顿的胜利》的版税纠纷，另一场是和他的嫂子（也可能是弟媳）争夺她侄子的监护权。争夺监护权的官司打了 4 年。起因是他兄弟去世了，留下遗嘱让孩子的母亲和贝多芬一起监护孩子，结果贝多芬却非要独自收养侄子。后来，孩子虽然判了贝多芬，但他却一直不喜欢这个伯父，想回到亲生母亲那儿，两人的关系也不太好。

改改改

贝多芬作为独立作曲家，类似于作家，他得卖稿子给出版商。但是从来都是出版商主动来买他的稿子。他还会跟出版商讨价还价，一生从不写"命题作

成稿

文"，也从不赶日期交稿子。他说，他有条件"反复推敲"、修改润饰，直到乐曲让他满意为止。贝多芬作曲的风格就是"改改改"。他写四重奏 Op.131 草稿用掉的纸，基本上是它的定稿的 3 倍，这还只是他留下来的笔记本上的草稿。贝多芬写歌剧《菲岱里奥》的序曲，共写了 4 稿，第二幕开始处的宣叙调和咏叹调的引子至少修改过 18 次。

曲风前卫

贝多芬的曲风在当时相当前卫。他的 Op.59 的 3 首四重奏是献给俄罗斯驻奥地利大使、业余音乐家、小提琴高手拉祖莫夫斯基伯爵的。为表达敬意，贝多芬还特意引用了一段俄罗斯旋律，作为第一首四重奏的主题。但由于写作的曲风太前卫了，伯爵的乐手们都接受不了，以为贝多芬是在和他们开玩笑。有个作曲家克列门蒂跟贝多芬说："你不至于觉得这是音乐吧？"结果，贝多芬一本正经地回答："它们不是为你而写的，而是为后世写的。"当时，他的 F 大调四重奏的小快板乐章不受人喜爱，被称为"疯疯癫癫的音乐"。但后来，这些前卫的曲风都被行业内外的人接受了。

纠结的曲名

贝多芬钦佩拿破仑，认为他是一个英雄，引导人类进入自由、平等、博爱的新纪元，所以就写了一部交响曲《降 E 大调第三交响曲》，准备献给他。结果后来拿破仑称帝了，贝多芬认为这样的拿破仑和自己憎恨的暴君、野心家没什么两样，气得一把撕下了本来已经写好题词的作品扉页。但其实这个传说有点离谱，因为贝多芬的亲笔手稿还幸存着。扉页写着"题为《波拿巴》的大交响曲"（拿破仑的姓是波拿巴），好像贝多芬纠结了一下，划去了这句话，改成"以波拿巴为题材而作。"最终出版时的标题是《英雄交响曲：为纪念一位伟人而作》。后来贝多芬心情好点了，还考虑把另一首乐曲献给拿破仑。

伟大作品的首演

贝多芬的《第九交响曲》首演于 1824 年 5 月 7 日。那场音乐会的节目买一送四，除了《第九交响曲》之外，还包括贝多芬的 1 首序曲，《庄严弥撒》的前三部分。这场音乐会来的听众很多，大部分都是贵族名流。贝多芬亲自指挥，交响曲演完后，满堂喝彩声。但是可怜的贝多芬却听不到，所以没有转身谢幕。一个独唱演员拉了一下贝多芬的衣袖，叫他看看那些鼓掌的手和挥舞的帽子、手帕，他这才转过身来鞠躬。这场音乐会票卖得不错，但开支也不少，没什么结余。

病秧子

贝多芬从 26 岁开始，他的听力就直线下降，32 岁之后，贝多芬基本聋了，50 岁时就完全听不到了。身体不好，心情就不好，贝多芬经常独自一人，也不外出，变得暴躁、多疑、爱发脾气，甚至对朋友也都不放心。最后，贝多芬因为大冬天没穿厚衣服就出门坐车赶路，结果冻感冒了，得了胸膜炎，在刚好一点后，他又大发脾气，导致他的老病肝硬化复发，病逝了。

去世

贝多芬快去世时，教堂的牧师给他举行临终仪式。贝多芬对着他们说了最后一句话："为我欢呼吧，先生们，喜剧结束了。"还有一个版本说，他先前订购过葡萄酒，结果快死了才送来，贝多芬看了看轻轻地说了一句："真可惜，来迟了。"

第5章 "魔鬼小提琴师"帕格尼尼

作曲家代表作

帕格尼尼

小提琴曲：《24首随想曲》（第九首曲子《狩猎》）《女巫舞曲》《摩西主题变奏曲》
　　　　《玛丽·路易丝小提琴奏鸣曲》

协奏曲：《b小调第二小提琴协奏曲》（"钟"）

1782 年 —1840 年

> 还真有一个小提琴家和"魔鬼"产生过联系。这个小提琴家叫塔特尼，有一天晚上，他梦到了一个"魔鬼"在拉小提琴

尼科罗·帕格尼尼（1782年—1840年），生于意大利热那亚，史上最伟大的小提琴演奏家、作曲家之一。

"魔鬼"称号

帕格尼尼有"魔鬼小提琴师"的名号。为什么称他为"魔鬼"呢？是因为他的小提琴演奏技术在当时的人看来实在是太高超了，认为只有"魔鬼"才能演奏出来。帕格尼尼是世界上第一位不需要别人资助，就可以在世界各地巡演的"超级巨星"。他的技术实在是太精湛了，传说曾经有一位盲人听了他的琴声，还以为是有着几个人的乐队在演奏，当旁边的人告诉他台上只有帕格尼尼一人时，这位盲人大喝一声："他是魔鬼！"随即仓皇逃走了。

对于演奏小提琴的普通乐手来说，帕格尼尼就是一个"魔鬼"，有着巨大的光环。和一般的艺人不同，帕格尼尼很少社交，他和音乐界同行的来往特别少，也没有收学生。而且，他很少在别人面前练琴。

其实，在帕格尼尼之前，还真有一个小提琴家和"魔鬼"产生过联系。这个小提琴家叫塔特尼，有一天晚上，他梦到了一个"魔鬼"在拉小提琴，发出的声音非常迷人，等醒来后，塔特尼就把梦到的那段音乐写了下来，名字就叫《魔鬼的颤音》。

音乐天才

帕格尼尼的父亲是一个擅长演奏小提琴的商人。帕格尼尼3岁时就开始学小提琴，先是跟他的父亲学，后来又跟着小提琴家塞尔韦托·科斯塔学。8岁时，帕格尼尼就写出了他的第一首小提琴奏鸣曲，父亲觉得帕格尼尼很有音乐天赋，于是把他送到了一个音乐学校学作曲。

但是，送进学校不久，他的父亲就后悔了。因为帕格尼尼根本就不好好学。他不喜欢学那些枯燥的作曲理论，也没办法忍受学校的死板的教育模式。或许对于天才来说，学习理论是一种折磨，因为他不需要用这些理论，纯粹靠灵感就可以完成创作了。只要有小提琴，他就能即兴拉出许多动人的旋律。

表演成名

9岁时，帕格尼尼加入了市立歌剧院管弦乐团，11岁时登台演奏了自己创作的《变奏曲》，12岁时把《卡马尼奥拉》改编成变奏曲并登台演奏。从13岁开始，帕格尼尼就开始了他的旅行演出，从此便开始了他不一般的音乐人生。

帕格尼尼一边满世界旅行演出，一边作曲。他写下了许多曲子，但除了他以外，这些曲子没人会演奏。不是因为他不让别人学，而是因为演奏这些曲子所需要的技术太高超了。帕格尼尼为自己演奏而创作的每支小提琴曲里，几乎都加入了很独特的演奏技巧，例如，双音和弦、左手拨弦、飞跃顿弓等高难度技巧。

身怀绝技

有一次演奏会，帕格尼尼弄断了3根琴弦，台下的观众为他捏了一把汗。没想到，帕格尼尼淡定而从容，他出人意料地用最后1根弦完成了技巧高超的曲子。观众都看"傻"了。

更神奇的传言是，即使没有小提琴，你若脱下一只皮鞋，在鞋底上绷上一根弦，帕格尼尼都照样能演奏。这听起来十分荒诞。但您还别不信，这是真的！当年，帕格尼尼就跟人打了这样一个赌，将皮鞋绷弦当小提琴拉，最后他赢了。

人生巅峰

1828 年 3 月初，46 岁的帕格尼尼来到维也纳，立刻成为音乐之都市民们议论的核心话题。几个月中，维也纳音乐圈刮起了一阵"帕格尼尼旋风"。人们千方百计地要买到他的演奏会门票。贫穷的舒伯特卖掉仅有的藏书，换成门票，去听他的演奏。据说，舒伯特在听了音乐会后称赞道："在帕格尼尼演奏的柔板里，我听到了天使的声音。"

当时，维也纳的人们都被帕格尼尼征服了，有头脑的文化商品销售商趁机挣了不少钱。街上卖的手绢和领带都印上与帕格尼尼相关的内容，因为这样很好卖，餐馆的面包和牛肉扒都被命名为"帕格尼尼牌"，这样餐馆的生意会非常好。人们都标榜自己是帕格尼尼的知音，如果能认识他，那更是荣耀至极。教皇授予了他一个很高的爵位。拿破仑的妹妹伊莉莎对他更是喜爱有加。

影响力

不仅是普通群众，当时的音乐家也受到了帕格尼尼的极大的影响。李斯特看了帕格尼尼惊人的演奏技巧，心里受到极大震动，下决心要成为"钢琴界的帕格尼尼"，苦练多年，终于成功。当时正在音乐路口徘徊的舒曼，听了帕格尼尼的演奏，也下定决心走上了成为音乐家的道路。

帕格尼尼写下了许多教科书级别的作品，最具代表性的是他在 1812 年写的两首小提琴协奏曲。这两首作品非常适合喜欢展示技巧的乐手，需要非常高深的技巧，演奏效果十分华丽，令人百听不厌。在第二首中，有一个乐章是非常著名的《钟》，以小提琴的高音域，模仿华美的钟声，令人耳目一新。除了协奏曲外，帕格尼尼还有 24 首随想曲，许多曲目都成了现在小提琴练习者的教材中的曲目。

爱情之路

在帕格尼尼的一生中，至少有两个女人曾跟他有关联，其中有一个叫荻达，还曾经拯救过他的事业。

帕格尼尼 16 岁时，荻达就把他接到一个别墅，让他专注于音乐事业，还手把手地教他弹吉他。这一学就是 3 年，帕格尼尼把一些吉他的演奏技巧用到了小提琴上，从而创造出了小提琴的新演奏技法。在帕格尼尼 24 首小提琴随想曲中的第九首曲子《狩猎》中，有一段双音技巧就是从荻达那里学来的吉他演奏法。他曾创作了一首用两根弦演奏的《爱情的一幕》，并将此曲献给了荻达。

法国著名军事家、政治家拿破仑的妹妹伊莉莎公主，也是帕格尼尼的"超级粉丝"。1805 年，伊莉莎公主邀请 23 岁的帕格尼尼在卢卡宫廷担任乐师一职。在这段任职期间，帕格尼尼写出一首用 G 弦演奏的军队奏鸣曲（作品31 号），标题是《拿破仑》。传说这是伊莉莎公主给他的"命题作文"。他后来也做了一些专用 G 弦演奏的"独弦操"，如《玛丽·路易丝奏鸣曲》《宣叙调和三首咏叹调的变奏曲》等。

友人柏辽兹

很少有音乐家能与帕格尼尼结交，法国浪漫乐派的主要代表人物柏辽兹是极少数中的一位。曾经有一次，帕格尼尼参加了柏辽兹的名作《幻想交响曲》的演出音乐会，他很欣赏这位作曲家的才华，在与柏辽兹有过一个简短的会面之后，帕格尼尼还专程去拜访柏辽兹，并请他为自己创作中提琴和管弦乐作品。多日后，柏辽兹把写好的作品拿给帕格尼尼看，结果帕格尼尼非常失望，原因是作品中的中提琴华彩乐段太少了。"怎么能让我沉默那么长的时间呢？我要一刻不停地拉琴。"帕格尼尼这个意见让柏辽兹很生气。他说："那么，你自己去写吧！"于是，这部作品就被搁置了。

后来，柏辽兹为了独奏中提琴而创作了一部标题交响曲《哈罗尔德在意大利》，在一个偶然的机会被帕格尼尼听到了。结果，帕格尼尼一下子拿出 2 万法郎赠给当时非常贫穷的柏辽兹。柏辽兹怀着感激之情写了一部戏剧交响曲《罗密欧与朱丽叶》，计划献给帕格尼尼。然而遗憾的是，此时患肺病多年的帕格尼尼已经过世了。

第6章 "三无草根"舒伯特

作曲家代表作

舒伯特

歌曲:《小夜曲》《听,听,云雀》《野玫瑰》《魔王》《纺车旁的格雷琴》《摇篮曲》
　　《圣母颂》

声乐套曲:《美丽的磨坊女》《冬之旅》(《菩提树》)

大提琴(阿佩乔尼)曲:《阿佩乔尼奏鸣曲》

小提琴曲:《C大调幻想曲》《圣母颂》

钢琴曲:《流浪者幻想曲》《音乐瞬间》

室内乐:《鳟鱼五重奏》《d小调第14号弦乐四重奏》("死神与少女")

交响曲:《第八交响曲》("未完成")《C大调第九交响曲》("伟大")

1797 年—1828 年

> 这样的原生家庭，使得舒伯特的生活条件较为艰苦，舒伯特是典型的"草根阶级"。

音乐史上有位最擅长写歌的作曲家，叫弗朗茨·舒伯特（1797 年—1828 年）。他比贝多芬小 27 岁，比门德尔松、舒曼、肖邦大十二三岁。他是古典乐派和浪漫乐派的中间一代。所以，音乐史学界说，他是古典主义音乐最后一位巨匠，同时也是早期浪漫主义音乐的开拓者。

舒伯特差不多是音乐史上最有才但生活最凄惨的一位。他有着"艺术歌曲之王"的美誉，同时又在交响曲、室内乐、奏鸣曲、歌剧、戏剧配乐等多个领域留下了许多不朽的杰作。但是，他由于常年饱受饥寒和疾病折磨，穷困潦倒，31 岁便不幸辞世，令人扼腕叹息！

"草根阶级"

　　舒伯特生于 1797 年 1 月 31 日，同年诞生的著名作曲家还有歌剧作曲家多尼采蒂。舒伯特出生于维也纳郊区。他的家里很穷。爷爷是农民，父亲是一位普普通通的乡村学校老师，母亲是女仆出身，和父亲结婚后生了 15 个孩子，但有 10 个都不幸夭折了，舒伯特是幸存下来的 5 个孩子之一。这样的原生家庭，使得舒伯特的生活条件较为艰苦，舒伯特是典型的"草根阶级"。

　　作为"草根"，舒伯特全家的基本追求就是好好活着。父亲对孩子们的期

望，只能是最质朴的——长大了能有份较为稳定的工作，除此以外，不敢再有其他想法。所以，在舒伯特很小的时候，他的父亲就想着，如果这小子长大了以后能和自己一样，有一份教职的工作，端个"铁饭碗"就非常不错。因此就教他一些基本技能，包括器乐演奏和歌唱，但不包括作曲，原因是演奏家能很快就找到工作，作曲家则不能。

艰苦奋斗

舒伯特学音乐先是从他的父亲、哥哥那里学的，这当然也是家学渊源。五六岁时，舒伯特就随父亲和哥哥学习小提琴。过了一两年，就转到他们家前面的教区礼拜堂里参加唱诗班。这里有一位负责管理音乐事务的合唱指挥米歇尔·何塞尔，也教过舒伯特一些基础的音乐知识。但实际上，这位老师没有教他什么，因为他教的东西，舒伯特早就滚瓜烂熟了。

小舒伯特在教堂的老师那里也学不到什么东西。幸好有名学徒工带他去前面的一个钢琴仓库里练琴，这还稍稍能满足舒伯特学习音乐的需要，至少比混日子强。比起音乐史上其他的音乐家的学习条件，舒伯特确实是真够"惨"的。一是没有好的学习条件，二是没有好的老师给予好的教导，三是没有公开演出的机会。

"特长生"

好在小舒伯特是个极有艺术天分、创造力和自学能力的孩子，在教堂唱诗班学习的日子里，他自己就能开始写一些比较短小的弦乐四重奏和钢琴乐曲。11岁那年，舒伯特因为歌唱得比较好，被选到隶属皇室的神学寄宿学校，在皇家教堂童声合唱团里当歌手。这是个专门为宫廷唱诗班培养男童歌手的学校。

在这所学校里，舒伯特有了学习的机会。在那里，舒伯特接触到了莫扎特的序曲和交响曲，因为能去音乐厅听音乐会，到歌剧院看歌剧。学校里还有个乐队，舒伯特在队里面拉小提琴，顺便还当当乐务，管管谱子。在节假日的时候，舒伯特经常回到家里，参加父兄们举办的弦乐四重奏的演练活动，两个兄弟拉小提琴，爸爸拉大提琴，舒伯特拉中提琴。正是这样不断地接触各种各样的曲谱，并且听到实际的音乐，舒伯特得到了良好的音乐训练，也为他后来的音乐创作打下了坚实的基础。

名师出高徒

机会是给有准备的人的，幸运总是降临在努力的人身上。舒伯特遇到了一些很厉害的老师，包括顶级作曲家安东尼奥·萨列里——这可是当时音乐界的权威人物，和莫扎特齐名，他还教过许多"大神级别"作曲家的老师，包括贝多芬、李斯特等。这么一说，舒伯特可算是贝多芬的亲师弟、李斯特的亲师兄。只不过，这个师兄贝多芬比他大了整整 27 岁。当然，李斯特是小辈了。

萨列里教舒伯特作曲和音乐理论，这其实已经违背了舒伯特父亲最初的想法。在寄宿学校，舒伯特学了 5 年，一直到嗓子变声不能唱歌为止。在那里，他写了很多室内乐（因为他天天参加弦乐四重奏排练表演，对这个音乐体裁实在太熟悉了），几首歌曲，一些钢琴曲片段，一首献给他父亲的康塔塔。15岁那年，舒伯特的母亲不幸去世了，他就写了一首风琴曲来纪念她。16 岁，舒伯特要从学校毕业了，为了完成他的毕业作品，舒伯特写出了他的第一首交响曲。

头号"贝多芬崇拜者"

对舒伯特来说，贝多芬绝对是他的第一偶像。上学念书的时候就不必说了，毕业后独立创作也要想方设法与贝多芬的作品取得某种关联。例如，舒伯特早年，写过一首相对冷门的艺术歌曲，风格欢愉清新，诗意盎然，名字和贝多芬最著名的《第九交响曲》一样，叫作《欢乐颂》，而且歌词的选择也同贝多芬一样，来自席勒的诗作。

舒伯特 30 岁那年，贝多芬去世了。出殡那天，舒伯特亲自为贝多芬扶柩抬棺。葬礼后不久，舒伯特也病危了。临终前，舒伯特留下遗嘱，请求众人把他埋在贝多芬的墓旁。人们满足了他的心愿。

教师生涯

虽然舒伯特想成为职业作曲家，但现实依然如了他父亲的愿，舒伯特毕业后还是选择了回家在他父亲所在的那所学校当了老师。

舒伯特勤奋好学，在任何时候都不忘学习。虽然已经毕业当老师了，但舒伯特并没有停下学习的脚步，他还一直坚持跟随老师萨列里学习作曲。萨列里教他写做礼拜时用的那些仪式音乐，教他写歌，教他写室内乐、交响乐。可以说，萨列里是对舒伯特影响最大的老师。

作曲高手

16 岁毕业后到 18 岁的这几年，是舒伯特在作曲方面"最高产"的几年。尤其是 1815 年，可以说是舒伯特音乐创作的"高产之年"，这一年他 18 岁，产量高得让人难以置信。降 B 大调第二和 D 大调第三两部交响曲、两部弥撒曲、五部歌剧（其中两部未完成），另外还有一部弦乐四重奏，四部奏鸣曲，零散的钢琴曲，以及 146 首歌曲，包括许多很长的歌曲。

舒伯特可以被称为作曲界的"战斗机"，因为他创作的速度实在是太快了。据记载1815年10月15日，舒伯特在这一天就写了8首歌，而10月19日，又写了7首。要知道，舒伯特并不是一天到晚只专注做音乐的人。他还要去上班教课，照顾家里。工作非常繁杂，生活琐事也极多，家里还有许多变故，例如他母亲去世后，他父亲又给他们找了个继母，一个来自近郊的丝绸商人的女儿。

辞职"维漂"

　　舒伯特是真的不想在学校里教书了，老想着跳槽。1816年，19岁的舒伯特试着去莱巴赫剧院谋一份乐队指挥的差事，后来也在其他地方试着找过工作，但都没有成功。后来，舒伯特还是遵照内心的愿望辞职了，去维也纳城里做"维漂"了。自此，他做了一名纯粹的自由职业作曲家。

　　当然，"自由职业"意味着没有固定收入。如果家里有钱，那倒可以不必在意，但对于舒伯特这样一个尚无名气的穷小子来说，从事"自由职业"是非常困难的，因为太没有安全感了。这也难怪舒伯特的父亲从来没有支持过他当作曲家这件事。

穷日子

　　现实如舒伯特的父亲想的一样残酷，舒伯特的事业确实不是很如意，而且这种不如意基本伴随了他一辈子。作为一名自由职业作曲家，舒伯特只能靠着微薄的收入，长期过着穷困潦倒的生活。

　　舒伯特虽然有着璀璨夺目的创作才华，但却难以得到赏识，他一直过得很拮据。辞掉教职，一无所有，没有演出收入，那时也没有出版商对他的作品感

兴趣。十几年的职业生涯中，只有在 21 岁、27 岁那两年的夏天，他被匈牙利的一个叫埃斯特哈奇的伯爵请到家中，担任暑期的音乐老师，才得到一点还算丰厚的收入；再就是他 31 岁去世那年举办个人音乐会获得了一些不错的收入；除此之外，他都是很穷。

好朋友

　　幸好，有些仗义的朋友愿意无私地接济舒伯特。有的为他提供住处，有的为他提供乐器。"维漂"的日子里，舒伯特有时只能和朋友们待在一起。这些朋友大多都是诗人、作家，例如，前两年是同好朋友朔贝尔一起，接着又和约翰·迈尔霍费尔一起，就这样勉强待着。有时实在混不下去了，就回到他父亲那儿。

　　舒伯特对朋友们也很好，他的一大部分作品都是为朋友们创作的。他的歌曲、钢琴曲、室内乐等手抄谱，都在朋友们手中流传。有歌唱家朋友帮着舒伯特推广他创作的歌曲。比如歌唱家约翰·米夏埃尔·福格尔，就演唱了许多舒伯特的歌曲，以帮助舒伯特卖歌。

爱情不顺

　　舒伯特有许多好朋友，但他的爱情之路却很不顺利，一直到离世也未能给自己寻得一位真正的爱人。可能是因为太腼腆，舒伯特一见着女孩子就不知所措。据说，舒伯特曾经喜欢过一个女孩子，但是这个女孩子最终因为舒伯特太穷，而嫁给了一位面包师。

　　初恋的失败给他带来了很大的打击。在与那个女孩子分开后，爱情就和舒伯特"绝缘"了。爱情的失败，让舒伯特一直处在一种悲苦的、孤独的、无助

的生活状态中。因此，他的音乐总是流露着深刻的悲剧感，比如他著名的弦乐四重奏《死神与少女》中，就有着一种绝望地与命运搏斗的意味。

灵感乍现

许多人觉得写歌作曲是很难的事，但是对舒伯特来说却十分简单。对他而言，灵感是随手可得的，不管在什么地方，只要一个乐句成形了，他便可以不顾一切地埋头谱曲，浑然忘了身在何处，一口气把音乐写完。

《音乐瞬间》就是在这样的情况下写成的。写这个曲子的时候，舒伯特身边没有五线谱纸，他一把抓来一张广告单，在这张单子的背面写下音符，直到后来才由朋友帮着誊抄到五线谱纸上。

歌里带着饭味儿

其实，写歌有时就是为了生活。据说他那首脍炙人口的《小夜曲》就是为了交换食物而作的。这首歌恬静优美、伤感动人，是现在非常受欢迎的一首名曲。但是这首歌在当时并没有流行开来，而是在舒伯特逝世后才被发现，作为《天鹅之歌》的第四首被后人集结出版。

舒伯特的许多作品都是在小餐厅、小酒馆里灵感突发而作的。比如《听，听，云雀》就是他有一次与朋友在酒馆，翻看一本莎士比亚诗集时，即兴在菜单背后提笔而作的歌曲。一经问世，便成了流传百年的经典名曲。

还有家喻户晓的土豆烧牛肉的故事。据说某一天傍晚，舒伯特饥肠辘辘，路过一家豪华餐馆时，看见餐馆里面的人们大快朵颐，就更加饥饿难忍了。他看到一张报纸上有一首诗歌，灵光乍现，提笔就写下了一首歌。他将手稿献给餐馆老板，老板一看，果真不错，就换给他一份土豆烧牛肉。

这首歌就是那首非常著名的《摇篮曲》。它宁静温暖、优美动人，有着简洁而工整的两段曲式，主旋律伴随着歌词"睡吧，睡吧，我亲爱的宝贝……"舒缓展开，勾勒出一幅慈母伴着轻柔的月光，轻抚摇篮，哼着小调哄孩子入睡的画面。说句玩笑话，不知道育儿妈妈们唱着这首歌，哄小孩睡着后，是否也想吃点土豆烧牛肉呢？

文学爱好者

舒伯特歌写得好的一个主要原因是，他的歌词都选得很好。舒伯特有大量的艺术歌曲，都是受著名诗人歌德的诗作启发而写的，例如《魔王》《纺车旁的格雷琴》《野玫瑰》和《甘尼美》等。他是歌德诗歌的忠实爱好者。他热爱文学，德国文豪席勒、海涅的文学作品也深受他的喜爱。当时，这些作品可都是充满新兴思潮和浪漫情怀的时代精品，极大地激发了舒伯特的创作欲望。

《野玫瑰》

舒伯特是个穷人，但贫穷并没有限制他的慷慨与善良。曾经在一个寒冷的夜晚，舒伯特练琴归来，看到一个小男孩在街头卖一本旧书和一件破衣服。舒伯特不忍心看着可怜的小男孩受冻，就决心帮助他。尽管自己也非常贫穷，舒伯特仍然掏光了身上所有的钱，将那本旧书买下。

在回家的路上，他翻看那本旧书，看到许多美好的诗篇，其中一首就是歌德的《野玫瑰》。这首诗给了他美妙的灵感，随即他大笔一挥，就写成了一首艺术歌曲《野玫瑰》，很快这首歌曲就成了经典。

《圣母颂》

舒伯特有一首歌叫《圣母颂》，非常好听，创作于 1825 年。听名字好像和宗教音乐有关，但其实它并不是在教堂做礼拜仪式时用的歌曲。它的歌词来自英国著名诗人、小说家司各特的一首诗，也叫《圣母颂》。这首诗是司各特的长篇历史叙事诗《湖上夫人》中的一段。

《湖上夫人》讲了一个中世纪苏格兰国王和骑士冒险的故事。其中有一段讲：在战火纷飞的日子里，某一天黄昏，骑士罗德利克在郊野漫步，隐约听到了一段舒缓的歌声；他循着歌声找去，看到了道格拉斯国王的女儿爱伦，在竖琴的伴奏下，正在唱着美妙的祈祷歌，倾诉她内心的烦恼。

舒伯特通过《湖上夫人》的德译本，读到这个场景，觉得非常感动。他根据这个情节，写出了 3 首《爱伦的歌》，其中的第三首就是现在的《圣母颂》。歌曲表达的是一位生活在战争动乱年代的少女对和平安宁的生活的渴望，感情极为纯洁，思想极为虔诚。伴奏的钢琴模仿竖琴的琶音，烘托出一种宁静纯美的气氛。

《阿佩乔尼奏鸣曲》

这是舒伯特晚期创作的一个著名的器乐奏鸣曲，是现在几乎每个大提琴演奏家都必演奏的保留曲目，可以说是舒伯特的一部登峰造极之作。但说起这个作品，还必须提及另一件乐器。这件乐器就叫阿佩乔尼。它在历史上存在的时间很短，长得也很奇怪。它是一件类似于大提琴的弦乐器，但它和吉他一样，有 24 个品，拉起来音准倒是好找，但感觉怪怪的。如今这件乐器已经近乎绝迹了，但舒伯特为这件乐器创作的音乐却让它在音乐史上不可磨灭。

"第九交响曲魔咒"

  作曲界有个"第九交响曲魔咒",它是说著名作曲家写交响曲,一般写完9部就会去世。和贝多芬、布鲁克纳、德沃夏克、马勒等交响乐领域的大师一样,舒伯特生前留下了9部交响曲(以及一些零碎的草稿)。《C大调第九交响曲"伟大"》写于舒伯特生命的最后3年。因为生活的潦倒和身体的病痛,这部作品写得很艰难,时断时续。1828年3月,舒伯特终于完成了这部作品。仅仅大半年后,舒伯特就撒手人寰了。

天妒英才

31 岁那年，舒伯特正值创作旺盛期，但他的健康状况却极度恶化起来。其实，从 25 岁起，舒伯特就开始和病魔做斗争。

1828 年 11 月 19 日，年仅 31 岁的舒伯特匆匆离开了人世。他死在了位于维也纳的他的哥哥费迪南德的公寓里。根据他的要求，他死后被葬在他崇拜了一生的偶像、大师兄贝多芬的墓旁。整整 60 年之后，舒伯特及贝多芬的坟墓被迁到了维也纳中央公墓。

第7章 "钢琴诗人"肖邦

作曲家代表作

肖邦

钢琴曲：《降b小调钢琴奏鸣曲》《g小调第一叙事曲》《二十四首前奏曲》(降D大调"雨
滴")《降B大调玛祖卡舞曲》《降A大调波兰舞曲》《降E大调华丽大圆舞
曲》《c小调革命练习曲》《降E大调夜曲》《升c小调即兴幻想曲》

协奏曲：《e小调第一钢琴协奏曲》《f小调第二钢琴协奏曲》

1810 年—1849 年

> 肖邦的父亲十分热爱波兰，受家庭的影响，肖邦从小就知道，要爱祖国、爱人民，要解放、要自由。

爱国青年

海顿死后的第二年，在德国的东部波兰，诞生了一位日后誉满全球的钢琴作曲家，他就是肖邦，全名弗雷德里克·弗朗索瓦·肖邦（1810年—1849年）。肖邦年少时，正赶上祖国波兰被其他国家瓜分，波兰人民要求民族独立、民族解放。肖邦的父亲就是一名参加过解放运动的热血青年。其实肖邦父亲的祖籍也并非波兰，他是移民到波兰的，肖邦的母亲才是波兰人。但肖邦的父亲十分热爱波兰，受家庭的影响，肖邦从小就知道，要爱祖国、爱人民，要解放、要自由。

流亡者

肖邦很小的时候就开始学钢琴，不到10岁就可以弹奏钢琴协奏曲，在华沙的贵族眼里，肖邦就是"新莫扎特"。16岁开始，肖邦在华沙音乐学院学习音乐理论和钢琴，19岁毕业。在华沙待了2年，肖邦就出国了。那时候的波兰，让许多人都产生了移民的想法。肖邦和许多人一样，旅居在法国巴黎，一直到去世。在外国旅居的日子里，他一次又一次听到波兰民族起义运动的消息，随着起义，他一次又一次地振奋起来，但一次又一次失望地接受起义失败的现实。这让肖邦痛苦了一辈子。

钢琴曲创作"专业户"

肖邦一生中创造了230多部音乐作品，基本上所有的音乐作品都是钢琴曲，包括钢琴协奏曲、钢琴奏鸣曲、谐谑曲、叙事曲、前奏曲、即兴曲、夜曲、圆舞曲、玛祖卡、波罗乃兹、船歌、摇篮曲、幻想曲，甚至还有用于训练学生练习演奏技术的钢琴练习曲，可以说肖邦是钢琴音乐史上的里程碑。要知道，一般而言，所谓练习曲只是为训练特定的演奏技巧而创作的一般性的曲子，一

般只有一个音乐动机，没有太多的艺术内涵。在 19 世纪，许多演奏家、教育家、作曲家写作过无数的练习曲，但真正好听的可以说是凤毛麟角。而肖邦就是这些作曲家中的佼佼者。他创作的练习曲（Op.10 和 Op.25 两部作品中一共有 24 首，另外还有 3 首是没有编号的作品）可以说是艺术内涵深厚，情感丰富，至今都是钢琴家常用来展示技术的曲目。

诗人

肖邦是一个标准的文艺男青年，带有十足的艺术气息，一生充满了戏剧性。他的作品注重诗意和细腻的情感，也被誉为"钢琴诗人"。可能是因为钢琴曲写得太有诗意了，情感太细腻了，有人认为他从气质上表现有些"女性化"。在现实世界中，肖邦是一个喜怒无常，非常忧郁，多愁多病的人。

恋情

肖邦在华沙音乐学院读书的时候，和女同学康斯丹采·葛拉德科芙斯卡谈恋爱，不过很快就分手了。毕业后，他又交了新的女朋友，叫玛丽亚·沃金斯基，但这段感情依然没有持续多长时间。到了巴黎定居后，肖邦认识了著名的文艺青年、小说家乔治·桑（这只是她的笔名，真实名字应该叫奥罗尔·杜邦）。这一年，肖邦 26 岁，乔治·桑比肖邦大 6 岁，他们很快就陷入了一场轰轰烈烈的恋情中，这段恋情持续了 9 年之久。

肖邦的爱人乔治·桑的经济条件很不错，她经常在她的别墅里款待巴黎文艺界的人，肖邦也住在她的别墅里。在她眼里，肖邦喜欢在钢琴上直接作曲，但是又有点怕生人。热恋期间，乔治·桑无微不至地照顾体弱多病的肖邦，肖邦也因此过上了比较舒适的生活，创作的才能也得到了较为充分的发挥。

"雨滴"

在与乔治·桑相处的时光里,肖邦创作了大量的夜曲和圆舞曲,这成就了他的艺术事业,据说有许多乐曲的灵感都来自乔治·桑,比如众人耳熟能详的《雨滴》前奏曲。相传,在一个暴风雨的日子,乔治·桑外出,肖邦一个人在家里待着。望着窗外滴滴答答的雨水,他不由得忧虑起来。他幻想着心爱的乔治·桑被困在雨中的画面,十分担心她的安全。听到雨滴打在屋顶上,多愁善感的肖邦走到了钢琴旁,坐下并开始按下琴键。不知不觉中,一段美妙的旋律就在肖邦的指尖下流淌出来了。它的节奏,正和着雨滴的声响,寄托着愁绪和忧虑。

美好的爱情也没有一直持续。同居9年之后,肖邦与乔治·桑最终还是因为各种原因选择了分手。分手之后,肖邦原本就多病的身体一下子就垮了,两年之后就离开了人世。临死之前,他非常想念陪伴了他9年的爱人,但乔治·桑并没有见肖邦最后一面。当听说肖邦去世的消息时,乔治·桑痛苦地流下了眼泪。

雾霾加重病情

肖邦年纪轻轻就去世了,死于非常严重的肺结核病。1848年,肖邦应邀远赴英国伦敦演出。当时英国正处于工业高速发展的时代,到处是工厂,烟囱林立,雾霾非常严重。肖邦从小就体弱多病,还患有严重的肺病,这样的空气就成了肖邦的"克星"。他的病情越来越严重,最终在1849年,肖邦因病情加重而去世。

去世

　　肖邦临终前，还留下了一句非常有意思的遗言。他对后世人说："你在演奏我的音乐时，要想着我，我会在天上听到你。"在遗言里，肖邦还不忘谦虚："演奏些好听的音乐吧，比如莫扎特的曲子。"

　　一位绅士有着很高的音乐天分，他的琴技一流，特别喜爱肖邦的音乐，甚至能够演奏其中最难的作品。当指挥家哈莱爵士给他带去了肖邦的死讯时，他叫道："现在我可以把他的全集装订成册啦！"

第8章 "传奇爱侣"舒曼

作曲家代表作

舒曼

声乐套曲:《妇女的爱情与生活》《诗人之恋》

钢琴曲:《狂欢节》《童年情景》《g 小调第二号钢琴奏鸣曲》《C 大调幻想曲》《浪漫曲》
　　　　（作品 28 号）《蝴蝶》

室内乐:《F 大调弦乐四重奏》

管弦乐:《曼弗雷德序曲》

协奏曲:《a 小调钢琴协奏曲》

交响曲:《第一号交响曲》（"春天"）《第四交响曲》

1810 年—1856 年

"舒曼是浪漫主义时期最伟大的作曲家之一，是富有影响力的音乐评论家之一，也是一位人生经历丰富的音乐家，一位饱受浪漫主义"折磨"的天才。"

法国作家雨果曾说过："开启人类智慧的宝库有3把钥匙，一是数字，二是文字，三是音符。"对于普通人来说，音乐、文学、数学，只要精通一样，就已经非常了得，而西方音乐史上就有位精通两样——既会弹琴又会写作的才子，他叫舒曼。舒曼是浪漫主义时期最伟大的作曲家之一，是富有影响力的音乐评论家之一，也是一位人生经历丰富的音乐家，一位饱受浪漫主义"折磨"的天才。

文化家庭

罗伯特·舒曼（1810年—1856年），出生于德国南部城市茨维考的一个出版商家庭。1810年，也就是距今200多年的时代，出版是最体面的行业之一。舒曼的父亲不仅印书、卖书，也写书，是位作家。在舒曼小时候，父亲就特别注意培养舒曼对文学艺术的爱好。舒曼从小就上了许多辅导班，尤其是钢琴、写作。作为琴童的舒曼收获了最初的艺术启蒙。

音乐与文学

舒曼自小学习钢琴，7岁便有几首钢琴作品问世，13岁时舒曼就指挥中学的管弦乐队和合唱队演奏自己创作的赞美诗。他的钢琴即兴演奏，一直吸引着人们的注意。

舒曼对文学的兴趣，几乎与对音乐的兴趣同时产生。中学时代，他热心钻研文学课程，独自翻译古典名著，对席勒和歌德的作品有过深入的研究。13岁就编诗集，后来又写了小说《日与夜》，这时的舒曼已经是大量抒情诗、三个剧本和两部长篇小说的作者了。他在文学方面的丰富知识，成为他后来进行音乐创作和评论的扎实基础。

"被包办"的学业

如此喜欢文学艺术的舒曼，大学时却选了法律专业。这有点令人想不通。但实际上，这并不怨舒曼，原因是他的母亲望子成龙，希望孩子未来能从事更受社会尊重的工作。18岁那年，舒曼中学毕业，由于母亲的坚决要求，舒曼进入莱比锡大学学习法律。

在德国的文化中心莱比锡，舒曼扎进了知识的海洋。各种哲学思想、文艺论著，剧院的演出、音乐会以及形形色色的艺术沙龙，都大大拓宽了他的眼界。过了一年，舒曼转到海德堡大学继续学习法律。

放弃学习法律

在莱比锡大学和海德堡大学学习期间，舒曼的兴趣其实依然还在音乐上。他进修了钢琴专业，也举行过公开演奏会，创作了包括钢琴套曲《蝴蝶》在内的一系列作品。当时，欧洲大陆上最耀眼的小提琴家帕格尼尼举办了多场演奏会。当舒曼亲眼看到帕格尼尼的演奏后，他被彻底征服了。他决心放弃学习法律，专攻音乐，立志成为一位音乐家。

在舒曼20岁那年，父亲去世，而舒曼也终于得到了母亲的同意，将职业规划转变为演奏家。于是他返回莱比锡，找到了钢琴家弗雷德里希·维克，成为了他的学生，向他学习钢琴和声（一种多声部音乐编创和弹奏技术）。这位老师十分器重舒曼，曾断言他将成为欧洲最优秀的钢琴艺术家。但是，学着学着，就发生了两件事，影响了舒曼一辈子。

教学事故

第一件事是练琴伤了手指。这应该不能怨老师，而可能是舒曼自己过于心急，想"一口吃成个大胖子"，结果反而得不偿失。据说，舒曼为了加快演奏的速度，增强手指的灵活性，开始掰手指头，抻筋拉骨。拿手抻着不过瘾，还专门制造了一种机械装置来抻（危险动作，切勿效仿），白天睁眼抻，晚上睡觉也抻。原本想着可以揠苗助长，结果一根手指生生被练成神经麻痹。就这样，舒曼成为钢琴演奏家的梦想可以说已经变成幻想了。舒曼只能改走其他的道路，所以后来他就改学作曲，并兼做音乐评论。

爱上小师妹

另一件影响舒曼事业的事就是谈恋爱。女主角不是别人，正是舒曼老师维克的宝贝女儿，比他小整整 9 岁的小师妹。话说舒曼在维克家里学琴的时候，十分受老师待见，干脆就住在维克位于莱比锡的家里。维克老师有一个漂亮女儿，叫克拉拉，也是一名琴童。

第一次邂逅时，舒曼 18 岁，克拉拉才 9 岁。随着相处时间的增多，他们逐渐产生情愫。实际上，当克拉拉年纪还小时，舒曼曾经迷恋过一个名叫埃内斯汀·冯·弗里肯的女孩，在钢琴套曲《狂欢节》中，他还用音乐把她塑造成"埃斯特拉"的形象。

但随着克拉拉逐渐长大，舒曼喜欢上了这位可爱的小师妹。

爱情的诗篇

大师哥和小师妹相爱，倒也不是什么难以理解的事情。你想，从懵懵懂

懂到亭亭玉立的少女，这位大师哥一直陪伴着小师妹成长。这点很重要。琴童的内心世界往往很纯粹，也很孤独，一个知根知底的哥哥足以打动少女的心。更何况，舒曼从小就会写诗，哪位少女能抵挡得住才华横溢的帅哥的情诗"攻击"呢？

克拉拉的形象持续不断地出现在舒曼的作品中，比如《g小调奏鸣曲》，舒曼把手稿寄给克拉拉时，这样写道："我的心为你而哭泣，你的主题以每一个可能的形式出现。"还有《幻想曲》（Op. 17）。

"悔青肠子"的老师

和老师的女儿谈恋爱，是会被成全的吗？不是，情况相当复杂。作为望女成凤的父亲，维克估计"肠子都悔青"了。他此生最大的失误，就是收了舒曼这个把自己宝贝女儿的心俘走的学生。

更令维克难受的是，舒曼的初恋是埃内斯汀——维克的另一位学生。舒曼当时对她也爱得深沉，甚至还为那段爱情写歌、写诗。结果，这位老师知道后，却做了一件事——告诉家长！这使得舒曼与埃内斯汀分手。可谁料，舒曼竟然阴差阳错地与自己的女儿克拉拉谈起恋爱来。

"爱情阻击战"

纸包不住火，克拉拉的父亲维克老师最终还是知道了。他非常生气，于是他开始发动一场轰轰烈烈的"爱情阻击战"。维克对舒曼和克拉拉的爱情进行了顽固阻拦。他曾经怒吼道："如果克拉拉嫁给舒曼，我就从此不认这个女儿！"当时的许多音乐名人，如肖邦和门德尔松等，都是舒曼的好朋友，也是维克的老熟人。他们都觉得这位长者实在太不近人情了，钢琴家李斯特更是因为这件事，与维克绝了交。

迫于形势，这对爱情命运多舛的恋人只能开展"地下活动"，回到"秘密通信"的状态。他们私下约定，再过两年就结婚。但是这两年是多么难熬啊！于是，克拉拉的书信中出现了这样的话："如果人可以一觉睡两年，那该多好啊！那就不用每天睁着眼就面对没有你的早晨，以及父亲那冷冰冰的眼神。"

就是这两年，老父亲维克可以说是"严防死守"，不让舒曼靠近克拉拉半步。他还使出浑身解数，想彻底浇灭女儿心里的爱情火焰。维克一边使劲诋毁舒曼，一边又给克拉拉介绍其他优质青年。

设身处地地想，我们也不能责怪克拉拉的父亲维克反对他们俩在一起，因为对于一个父亲来说，舒曼并不是一个合适的女婿人选。站在一个父亲的角度，你很难认定维克不好。"老丈人为什么看女婿不顺眼"本就是千古难题，古今中外都一样。更何况舒曼当时一无所有，而维克自己的女儿却是欧洲冉冉升起的钢琴新星。

《浪漫曲》

克拉拉作为舒曼最真挚的爱人，对舒曼作品的鉴赏能力是毋庸置疑的。舒曼在1839年完成了《浪漫曲》（作品28），这一年是舒曼为爱情抗争最激烈的一年，可以说这一作品是黎明前的热恋状态与心情的描述，此时期也是舒曼的创作由钢琴音乐转向艺术歌曲的过渡阶段。

克拉拉对3首浪漫曲异常地喜爱。1840年元旦，她写信给舒曼说："我对《浪漫曲》提出所有权的要求，作为你的未婚妻，你必须献给我更多的作品，而我不知道还有什么会比《浪漫曲》更为情意绵绵的了，尤其是中间那一首，这是最美的爱情二重奏。啊！罗伯特，你逃不了啦，我绝不放弃《浪漫曲》。"尽管舒曼最初答应了克拉拉，但是最终还是将《浪漫曲》献给了海因里希二世伊斯·科斯特里茨伯爵，也就是他们的大媒人。

对簿公堂

尽管维克尽了一切努力来阻止他们的婚事，却无济于事。克拉拉发誓要嫁给爱情。双方闹得很难看，甚至到了对簿公堂的地步。舒曼在与克拉拉父亲维克庭外交涉失败之后，为了心爱的克拉拉，不惜寻求法律的援助，他于1839年7月16日正式向莱比锡法庭递交了诉状。

夺取胜利

好在11个月后，舒曼和克拉拉胜诉，两人修成正果。在1840年9月12日，克拉拉21岁生日的时候，舒曼迎娶了他的新娘。这一年舒曼30岁。音乐史上的爱情传奇，成就了浪漫主义抒情诗篇。1843年，维克对舒曼低头："看在克拉拉和世界的份上，我们不该再疏远。"

舒曼和克拉拉的新婚生活很快乐。1840年至1841年是舒曼创作的"高产期"。1840年是"歌曲年"，舒曼创作了《妇女的爱情与生活》《诗人之恋》等作品；1841年是"交响年"，他的《第一号交响曲"春天"》终于完成。

集才华、美貌、财富于一身的妻子

说说克拉拉，这位能让整个艺术圈都震惊的爱情大战的女主角，想必也不是寻常之辈。首先，克拉拉是天才钢琴演奏家，5岁随父学琴，11岁便在莱比锡开办了独奏音乐会。13岁，克拉拉就和卡尔科布雷纳等名宿同台竞技。在同时期，克拉拉的名气不逊于历史上最有名的钢琴家李斯特、肖邦。

靠着精湛的钢琴演奏技艺和十足的名气，克拉拉拥有了很多财富。没结婚前，她靠演出挣了很多钱，并上交给她父亲。克拉拉不仅钢琴弹得好，也创作

音乐作品。而且，克拉拉非常美丽，看看面值 100 的德国马克纸币就知道，如果不说，人们会以为纸币上的女人是某位公主或女王，其实不然，那位气质非凡的美女，正是克拉拉。所以，克拉拉就是人们所说的"白富美"，真正的贵族，同时也是一个内心强大的女人。

在舒曼生前，这位杰出的女钢琴家一直凭借自己优秀的演奏才能，出色地演奏丈夫的钢琴曲；舒曼去逝后，她不仅以更大的热情公演他的音乐作品，而且亲手整理他的文稿与所有的音乐创作并编订成全集出版。舒曼的作品能推广于世，为众人所熟知，完全是克拉拉的功劳。可以毫不夸张地讲，舒曼在欧洲音乐史上能享有一席之地，与克拉拉的努力是密不可分的。

不太美满的婚姻

浪漫的恋情之花不一定能结出美好的婚姻之果。舒曼、克拉拉二人的婚后生活谈不上美满。原因可能是：克拉拉作为"当红女星天后"，事业上实在太成功了，给舒曼造成了很大的压力。舒曼不仅要经常跟随妻子赴外地演出，还要面对二人收入上的巨大差距。还有就是可能的财务问题和精力问题。要在一幢房子里经营两个人的音乐事业，压力是巨大的，更不用说后来还陆续增添了 7 个孩子。他们只能尽可能努力地维持音乐活动，应付家庭生活。

舒曼的性格过于内向敏感，也无益于他的婚姻。他虽然具备温柔的灵魂，但要处理好家庭关系极为困难，有时还过于被动。此外，舒曼还拒绝与克拉拉分享他的新作品，这显然伤了克拉拉的心，两人内心的隔阂越来越大。因此，家庭生活中的气氛可以说是很紧张的。

"斜杠青年"

我们现在说的"斜杠青年",是指一群不满足于"专一职业"的生活方式,而选择拥有多重职业和身份的多元生活的人群。舒曼就是典型的"斜杠青年",在音乐界里他文学素养最高,在文学界里他音乐才能最高。舒曼从 24 岁(1834 年)开始,就开始独自编辑一本叫作《新音乐杂志》的刊物,一直编了 10 年,直到他 34 岁(1844 年)。《新音乐杂志》是舒曼和一群志同道合的朋友于 1834 年创办的属于自己的刊物。在将近 10 年的时间里,舒曼掌管着这份每周发行两期的刊物,他管理通信联络、负责校对稿件,贡献了大约 1000 页内容,包括对已出版作品的评论、社论以及广泛论及诸多音乐话题的文章。

舒曼有关音乐的文章主要发表在《新音乐杂志》上。他的写作很有特点,最夸张的是在《大卫同盟》里搞"人格分裂"——用两个分身自说自话地讲音乐,有趣的是,这两个分身的性格还是"冰火两重天"。

慷慨的预言家

舒曼是一个非常爱才的人,他常写评论,拥护年轻的作曲家,尤其是勃拉姆斯,他还帮助韦伯、肖邦等人建立了良好的声誉。1831 年 12 月,舒曼发表在《大众音乐报》第 49 期的一篇评论中,用极尽赞美的语言推崇肖邦:"脱帽吧,先生们,这是一位天才。"这篇文章改变了肖邦在德语世界里的声誉。德国人对肖邦的了解,就是从这篇文章开始的。神奇的是,舒曼的第一篇乐评预言了肖邦,最后一篇乐评预言了勃拉姆斯,而且"命中率"百分之百,这不得不让人赞叹:舒曼真是一个"预言家"。

预言的准确性来自远见卓识。舒曼的洞察力过人,他从肖邦早期的变奏曲中,找到了一点线索,就能分析出肖邦日后成熟的作品中会具备什么。舒曼关于柏辽兹《幻想交响曲》的评论，认为其是来自李斯特的钢琴改编作品。舒曼关于非主流作曲家的评论文章同样具有指导意义——充满善意但立场坚定，儒雅地指出缺点并鼓励他们做得更好。有趣的是，在这个阶段，舒曼自己的音乐作品几乎完全不为人们所知。不得不说，在提携后进、支持同道这方面，舒曼的慷慨是非同寻常的！

文学式音乐

舒曼1840年（30岁）获耶拿大学哲学博士学位，1843年（33岁）赴莱比锡音乐学院任教，1844年—1850年（34岁~40岁），移居德雷斯顿继续从事作曲和指挥工作。

舒曼作曲就和作文一样。他的钢琴套曲《蝴蝶》《狂欢节》《大卫同盟舞曲》和《克莱斯勒偶记》等，就等同于一部音乐小说，描绘了他最爱的小说家吉恩·保尔·里希特和霍夫曼的作品。舒曼虚构出来的两个截然相反的自我在如今这个时代同样具有典型性：弗洛列斯坦是外向的、热情的、溢于言表的，尤斯比乌斯则是内向的、沉静的。

结婚之前，舒曼几乎只写钢琴音乐作品。结婚那年，舒曼开始艺术歌曲的创作，但这种体裁并不是他擅长的，他写歌写得很慢。他再一次从文学中找到了灵感，尤其是对他个人而言意义重大的诗歌。舒曼的歌曲中经常出现的主题有爱情、婚姻、孤独和失败，他选择的诗人包括歌德、拜伦、吕克特、艾兴多夫和海涅，海涅是舒曼最伟大的声乐套曲《诗人之恋》的词作者。1841年，舒曼创作了大量的艺术歌曲，接下来的一年又转向了室内乐的创作，完成了3部优美动听的作品的创作，包括弦乐四重奏、热情洋溢的钢琴五重奏和钢琴四重奏，这些作品都充满了鲜明的独创性。

好朋友

　　舒曼有许多好朋友。其中一位就是门德尔松，他仅比舒曼大一岁，但在成功与自信方面是遥遥领先的。舒曼经常在熟人面前夸门德尔松。可惜门德尔松比舒曼去世得早。舒曼很伤心，在克拉拉给自己生下最后一个孩子后，舒曼还用了门德尔松的一个名字费利克斯作为自己孩子的名字。

精神病

　　舒曼天性感性又敏感。他一生的起落，逃不出这个原因。18 岁那年，本来爱好交际的舒曼突然变得忧郁寡言，后来甚至发展成厌世，经常幻想有人想害他，痛苦和恐惧占据了他的内心。

　　1839 年 6 月 3 日，他致信克拉拉说："我缺乏一些使我成为一个完人的几样东西；我太焦虑，经常太小孩子气；我也对我自己喜欢的事太沉湎而不大考虑别人；总而言之，我的日子很糟糕，对此我什么办法也没有。"

　　1844 年秋季的一天，舒曼突然出现无端的惧怕与癫狂，克拉拉惊恐地把他送进医院。医生建议他们换一个生活环境，这样有利于恢复舒曼的精神健康。于是，他们全家迁往德雷斯顿。在那里，幽雅的环境使他渐渐好转，但并没有彻底康复。从 1849 年开始，舒曼的健康情况逐渐恶化。

投河自尽

1854 年，44 岁的舒曼再度发作精神病。这次，他完全丧失了理智，终日不能安宁。克拉拉非常痛苦，但她依然尽心尽力地日夜守候着自己的丈夫。冬季的一天，舒曼趁妻子稍不留神，只穿了一件单衣就溜出家门，纵身跳入冰冷刺骨的莱茵河，结果被附近的渔民救起。自杀未遂以后，根据他本人的意愿，舒曼被送进精神病院，他被诊断患有"精神病性忧郁症"。

病逝

住进精神病院的舒曼并没有康复。两年以后（1856 年）的 7 月 29 日，舒曼在克拉拉的怀抱里呼出了他生命中的最后一口气，终年 46 岁。他的遗体被葬在波恩。

第9章　"钢琴之王"李斯特

作曲家代表作

李斯特

钢琴曲：《b 小调钢琴奏鸣曲》《匈牙利狂想曲》（第二、第六、第十五首）《钟》
《爱之梦》（第三首）《旅行岁月》（"瑞士"）

交响诗：《塔索》

协奏曲：《降 E 大调第一钢琴协奏曲》

交响曲：《浮士德交响曲》

1811 年—1886 年

> 他（李斯特）的灿烂的演奏家生活，他的浪漫主义的恋爱故事，他的宗教信仰，他的漂亮的文学著作……这一切让李斯特形成了一个复杂的人格，使人们很难对他进行明确的描绘。

在音乐史上，李斯特（1811年—1886年）是一位传奇人物。有位西方音乐文化史学者朗格评价李斯特时这样说："他（李斯特）的灿烂的演奏家生活，他的浪漫主义的恋爱故事，他的宗教信仰，他的漂亮的文学著作……这一切让李斯特成了一个复杂的人格，使人们很难对他进行明确的描绘。"

匈牙利人

李斯特是匈牙利人，匈牙利人很爱学习，连公共厕所里都放着各类书刊，供人们阅读，因此匈牙利也出了许多科学家和发明家，比如发明圆珠笔的比罗、发明魔方的鲁比克、提出计算机理论的冯·诺依曼。

李斯特应该很热爱自己的祖国，因为他一共写了19首匈牙利狂想曲。

李斯特在性格气质上兼具优雅和霸气。当年，他可是巴黎上流社会的宠儿，被称为"钢琴之王"。他对钢琴技术的开发，直接把钢琴演奏的潜在的表现力推到了一个新的巅峰。

厉害的爸爸

李斯特成为文艺界的幸运儿是有原因的。作为人生大赢家的他，从小就非常幸运，因为他有一个好爸爸，一个理解他并不惜以生命为代价支持他的爸爸。家人的支持对于一个"艺术生"来说至关重要。其实，李斯特的爸爸不过是一个小小的管事，在老家工作，并没有多少收入。但是为了孩子的前途，他可以付出很多。

在李斯特10岁那年，有个村里人说，李斯特这孩子有灵气，有音乐天赋，应该送出去读书，要不然就毁了一个天才。于是李斯特的爸爸变卖了全家所有

霸气

优雅

的财产，要送孩子出去读书。这真是破釜沉舟的举动，李斯特的爸爸下定决心要陪着孩子离开家乡，踏上学艺的道路。当然，也有说法是因为小李斯特9岁时举办的第一次钢琴演奏会征服了主人米凯尔·埃斯特拉齐，所以获得了资助外出学习。

外出学习

1821年，他们先是来到维也纳，跟伟大的音乐教育家萨列里（贝多芬、舒伯特的老师）和车尔尼（贝多芬的学生）学了一段时间钢琴。这段时间里，李斯特还曾有幸在有贝多芬出席的音乐会上演奏，并得到了贝多芬的祝福。

1823年，他们又到了巴黎，但开始时很不顺利。尽管李斯特手里拿着他的老师车尔尼的推荐信，但当时的巴黎音乐学院院长凯鲁比尼傲慢得连看都没看一眼车尔尼的信，就将李斯特拒绝在巴黎音乐学院的大门之外。

成名

不过，是金子总要发光。念不了书没有关系，李斯特很快就用钢琴演奏征服了巴黎的听众。很明显，他的最大劣势反而成了他成功的最大优势。他不是巴黎音乐学院凯鲁比尼培养出来的那种训练有素的"三好学生"，他没有学过那些条条框框、模式套路。他没有那么多的负担，走在香榭丽舍大道上，他只有外乡人"光脚不怕穿鞋"的那种挑战巴黎的锐气、执着和无畏。1824年，李斯特在伦敦演出时，还受到了英王乔治四世的接见。

此时，李斯特已经不是在外漂泊的艺术青年，而是轰动整个欧洲的"莫扎特式"的音乐神童。他开始步入巴黎的上流社会，被越来越多的贵族高官喜爱。此后20年，李斯特一直名霸欧洲乐坛。成名后的他演出时乘坐6匹白马拉着的豪华马车，有几十辆私人车辆跟随，风光无限。

爸爸去世

1827 年，李斯特的爸爸逝世。长期颠簸而身体早已经衰败的爸爸，终于支撑不住倒在了异国他乡。李斯特亲眼看见这令人悲伤的一幕。那一年，他还不到 16 岁，而他的爸爸也还不满 50 岁。可以说，李斯特的爸爸，真是把大半辈子全部奉献给了他的儿子。

从这一点上来说，李斯特是非常幸运的。因为许多作曲家没有这么好的爸爸，比如柏辽兹就有一个固执而绝情的父亲，在柏辽兹最需要帮助的时候还断了他的粮饷。

1828 年，李斯特在巴黎定居，在住处教授钢琴。在巴黎期间，李斯特结识了柏辽兹和肖邦，并与众多文学界、绘画界的名流交往。虽然对于法国人而言，他是一个外国人，但对于 19 世纪法国的文学，他却十分熟悉。自从 11 岁学会了说法语，他就开始接触并爱上了法国文学，而且和雨果、乔治·桑等人都是朋友。

万能乐器

李斯特弹钢琴最厉害的一招，就是改编好友作曲家们创作的交响乐。他对钢琴抱有不可思议的狂想，想以自己在钢琴上的刻苦磨炼，将钢琴改造成一种可以和庞大交响乐队相媲美的"万能乐器"。

1830 年，李斯特聆听了柏辽兹的《幻想交响曲》首演，想将其改编成钢琴曲。这在旁人看来简直如痴人说梦，就连柏辽兹开始时也不敢相信。但是李斯特把《幻想交响曲》在钢琴上演奏出同交响曲一样的效果，并且与交响乐同台演出时，音响效果更为惊人。柏辽兹不得不睁大了眼睛，看到奇迹就在自己身边的发生。

除了《幻想交响曲》，李斯特还改编了柏辽兹的《哈罗尔德在意大利》《李尔王》等许多作品，同时也改编了贝多芬的交响曲，巴赫、帕格尼尼的器乐独奏曲，舒伯特的声乐套曲，莫扎特、威尔第、罗西尼、瓦格纳、多尼采蒂、梅耶贝尔的歌剧，以及韦伯、门德尔松、古诺等许多人的作品。他简直像一位天才的魔术师，把钢琴变幻得光芒四射、神奇莫测。

"钢琴之王"

1831 年帕格尼尼来到巴黎演出，他极大地鼓舞了李斯特。他立志要成为钢琴界的帕格尼尼，并写了很多难度很高的钢琴练习曲，包括 6 首《帕格尼尼大练习曲》。

对于李斯特的钢琴演奏，谁都叹为观止。他那双神奇的手，曾被拍成照片，被制成纪念邮票。从邮票上面看，除了比较大，这双手看起来没有什么特别之处（肖邦的手也曾经被做成手模，拍成照片，相比而言，肖邦的手更纤细些），却创造了钢琴的奇迹。他被人们誉为"钢琴之王"。

同样是钢琴家的鲁宾斯坦说："与李斯特相比，其他所有的钢琴家都像孩童一般。肖邦会把你带入梦境，你会永久沉浸其中。李斯特却是一片阳光和令人眼花缭乱的光芒，他以一种无人可以抵抗的力量征服了听众。"李斯特的学生勋伯格说："他的音响效果是攻击性的、兴奋的以及富有'魔力'的……最重要的是，他开发了这件乐器的潜能。"

巅峰时期

1837 年—1847 年，李斯特在各国开展钢琴巡演，包括匈牙利、意大利、英国、德国、俄国、土耳其等。所到之处无不风靡，观众为之疯狂，德国诗人海涅称这一现象为"李斯特狂热"。1847 年 9 月，35 岁的李斯特在俄国进行了谢幕表演，宣布从此退出音乐会舞台，不再举行收费演出。

魏玛岁月

1848 年—1859 年，李斯特跑到音乐重镇魏玛，担任宫廷乐长。魏玛是欧洲艺术的重地，巴赫、歌德、席勒都在那里生活过，现在那里还矗立着他们的雕像。

这个时期，李斯特作为宫廷乐队队长，有权利、有财富，还有心爱的人和他在一起。他告别了马不停蹄、四处奔波的钢琴演奏会，清静地、随心所欲地专注于他的音乐，指挥乐队、教书、会朋友、写文章，过着优哉游哉的日子。

在此些年中，李斯特指挥演出了大量作品，特别是柏辽兹和瓦格纳的作品，使魏玛一跃成为显赫的音乐中心，几乎成了一个独立的音乐小王国。

幸福的烦恼

但李斯特还是很快就陷入了不满足的苦闷之中。或许一个真正的艺术家和一个伪艺术家的区别就在这里，后者很容易满足于物质的富足，而前者则永远在精神的苦闷里寻求突破。作为不想墨守成规、总是想变幻出新花样的李斯特来说，他怎么能够满足于一成不变的日子呢？

其实，早在 24 岁的时候，李斯特就写过一篇题为《论艺术家的地位》的长文，文中他将音乐家分为艺术家和匠人两类，他说："在道义上的奉献，对人类进步的揭示，为了既定目标而不惜遭到嘲笑和嫉妒，付出最痛苦的牺牲和忍受贫穷，这就是任何时候的真正艺术家的遗产。而对于我们称之为匠人的人，我们则不需要为他们而感到特别不安。为了充实他那至高无上的自我，解决日常的琐事、对虚荣心的满足，这些对他们来说就已经足矣。"

　　虽然上了年纪且功成名就，但李斯特没有让年轻时的雄心壮志随风而去。对于曾经带给他那么多荣誉和欢乐的钢琴，他发出了疑问："也许我是上了钢琴的当了，把我紧紧捆在它的神秘力量上了。"他开始不满足于钢琴，开始寻找新的神秘力量。这一次，他选择了交响诗作为新的征服对象。

交响诗

　　1848 年—1850 年，在短短两年的时间里，李斯特一口气写出了 5 首交响诗。紧接着到 1858 年，他完成了另外 7 首交响诗的创作。他像一座火山，喷发出如此旺盛的创造力。

　　李斯特于 1849 年创作的交响诗《塔索》就是一个传奇。1837 年，26 岁的李斯特游览威尼斯时，忽然听到驾船的船夫唱起了一首歌，这首歌是这位意大利文艺复兴时期诗人塔索的诗《被解放的耶路撒冷》开头的几句，他大为感动。12 年过后，李斯特还清晰地记得船夫唱的那首威尼斯船歌，于是将它改编成一部交响诗。

　　他谈论起这首诗时还深情满满："在远处听见，就好像细长的光线反映在水面上，令人目眩神迷……威尼斯民歌的旋律是永恒的悲歌，也是充满了强烈的苦恼的乐曲，只要引用它，大概就可以把握塔索精神的精髓了。"

为创新辩护

　　创新就意味着要冲破旧的藩篱。李斯特的交响诗一出现，就遭到了保守派的责骂。能够写一手漂亮文章的李斯特为自己辩护道："一切音乐上的变革都会引起人们的兴趣和兴奋；同时，对那些承认习惯形式的人，也会引起他们的埋怨；而最后，还有不少人会发出绝望的哀号：音乐要死亡了！不管怎样，这只说明音乐具有了新的形式。"

"时间往往会给那些人们不能理解的东西改换名称的。如果未来承认了它的必然性，未来就会把它叫作'独创性'，人们就会突然对它称赞颂扬起来，就像以前群起而攻之的'盛况'一样。"

魏玛时期是李斯特最为辉煌的时期。这 10 年也是李斯特自己的创作丰收的时期：他完成了《浮士德交响曲》和许多其他作品。

爱情

说李斯特是一个传奇人物，一个最重要的原因是他的情史。李斯特一生中深受女人追捧。

有个故事说，李斯特的父亲在弥留之际，只留下半句话："弗朗茨，我最担心你和女人……"那时，李斯特才 16 岁。俗话说"知子莫如父"，他的父亲的担心果然应验了。在李斯特 75 年的漫长一生中，最使他苦恼的，就是爱情的问题。

李斯特一生中，经历过几次恋爱，其中最为轰动的，是他和玛丽·达古伯爵夫人，以及他和卡洛琳·维特根斯坦公主的恋爱。

早在 1833 年，也就是李斯特 22 岁的时候，在一次沙龙中，李斯特邂逅了玛丽·达古伯爵夫人。两年后，俩人就一起跑到了瑞士，还生了 3 个子女。这段生活持续了 9 年，或许是因为年长李斯特 6 岁的玛丽夫人特别爱嫉妒，缩小了李斯特的活动舞台，甚至威胁到了他的事业，终于在 1844 年俩人长期分居，关系终止了。在这段生活中，李斯特还创作了钢琴曲集《旅行岁月："瑞士"》。

短短 3 年后，也就是 1847 年 2 月，36 岁的李斯特到基辅演出时，邂逅了卡洛琳夫人。这位比李斯特小 8 岁的卡洛琳夫人，据说长得并不漂亮，李斯特却心甘情愿地为她付出了大半生。

那天，李斯特在音乐会捐款的名单上看到了卡洛琳的名字，恰好与他的初恋同名，并且这位夫人还捐赠了一笔巨款。于是，李斯特专程去旅店拜谢那位夫人。卡洛琳当时 28 岁，但看上去仍像一位少女，带着独特的东方美。李斯特对她一见倾心了。

卡洛琳出生在波兰的一个大地主家庭，被父母包办了婚姻，嫁给了俄国贵族维特根施塔因公爵，虽然生了两个孩子，但是也不幸福，早就与丈夫分居了。这样，李斯特与卡洛琳两人之间自然就互相表达了爱意，他们还订下了婚约。

婚约

当时，李斯特就托魏玛大公妃，来解决卡洛琳的离婚问题。1848 年，李斯特与卡洛琳夫人在魏玛重聚，俩人在阿尔滕堡同居。

对于李斯特来说，卡洛琳是个"贤内助"。她经常勉励李斯特，不要仅仅满足于钢琴家和指挥家的生活，而是要趁着年轻，在成为作曲家的道路上努力。她说："钢琴的演奏倏忽即逝，伟大的作品才能作为人类的瑰宝与世长存。"李斯特欣然接受了她的建议，停止了演奏家的活动，并开始了作曲家的生涯。

然而，卡洛琳的离婚问题却拖了很长时间，他们经历了种种波折，结婚的愿望却最终破灭。至此，14 年的努力成了泡影，两人必须诀别。

风光晚年

李斯特的晚年非常风光，到处都有人簇拥着他。他的崇拜者太多。从1869年起，李斯特往返于罗马、魏玛和布达佩斯三地，其仍被全欧洲关注。

寥落的内心

虽然在大多数时间里，李斯特还是享尽了富贵荣华。但是，在李斯特的内心，还是压着一种英雄末路的苍凉感。1885年，李斯特去瞻仰了塔索在罗马逝世时的故居，他指给他的学生看，当年这位意大利伟大诗人的遗体像英雄凯旋似地被运往神殿去戴上桂冠，走的就是这条路。他说了这么一句话："我不会被当作英雄被运往神殿，但是我的作品受到赏识的日子必将来临。不过，对我来说是来得太迟了，因为那时我已不在人间。"

1886年，李斯特举行75岁生日巡回演出，重访巴黎和伦敦，同年他在德国拜罗伊特因肺炎发作，在女婿瓦格纳的家中去世。

第10章 "弃法从乐"的柴可夫斯基

作曲家代表作

柴可夫斯基

小提琴曲：《罗可可主题变奏曲》

室内乐：《如歌的行板》

管弦乐：《1812序曲》《弦乐小夜曲》《胡桃夹子组曲》《罗密欧与朱丽叶幻想序曲》

协奏曲：《降b小调第一钢琴协奏曲》

交响曲：《第四交响曲》《第五交响曲》《第六交响曲》（"悲怆"）

1840 年—1893 年

> 人们经常亲切地把柴可夫斯基称为"老柴"。在柴可夫斯基以前，俄国音乐家在世界上并没有什么大名声。

彼得·伊里奇·柴可夫斯基（1840年—1893年），俄罗斯浪漫乐派最伟大的作曲家之一，也可以说是史上最有名气的俄国作曲家。人们经常亲切地把柴可夫斯基称为"老柴"。在柴可夫斯基以前，俄国音乐家在世界上并没有什么大名声。自从有了柴可夫斯基，俄国音乐在世界上就有了一定的影响力。柴可夫斯基是俄国民族乐派的标杆性人物，他的音乐风格影响了很多人，后来许多作曲家都效仿了柴可夫斯基的风格。

家境殷实

柴可夫斯基出生于1840年5月7日。家在沃特金斯克，是一个小镇。

柴可夫斯基是典型的"富二代"。他的父亲是一位国有采矿厂的工程师，算是高级别、高技术、高工资人员，先后娶了3任妻子。柴可夫斯基的母亲是他的第二任妻子。柴可夫斯基有个弟弟，是他的继母，也就是他父亲的第三任妻子生的孩子，比柴可夫斯基要小很多，长大后和柴可夫斯基一样，也是一位名人，只不过是一位剧作家、翻译家。柴可夫斯基的亲生母亲是法裔俄罗斯人。所以，柴可夫斯基可以算是混血儿，而且是贵族出身。

少年学琴

柴可夫斯基从5岁开始，就在母亲的教导下学习钢琴，几个月以后，他就能熟练演奏音乐了。在10岁的时候，柴可夫斯基被送到圣彼得堡国立大学，直接跟大学里教音乐的"第一把手"——圣彼得堡国立大学音乐系主任学习钢琴，就这样练出了最厉害的基本功。

在辅导孩子学音乐这件事上，柴可夫斯基的父亲基本属于"无为而治""放任自流"型家长。柴可夫斯基想学什么，就让他学什么；柴可夫斯基想跟哪位

老师学，就花钱请哪位老师教。年少的柴可夫斯基先后和俄国、意大利、德国等国内外好几位大师学过音乐，见识自然增长了不少，音乐演奏和创作的水平也飞速提高。14岁那年，柴可夫斯基的妈妈不幸染病早逝，此时的柴可夫斯基已经有了独立作曲的能力，他写了一首圆舞曲来纪念他的母亲。

偏走"歪路"

学艺术固然好，但他的父亲眼里，这毕竟不是什么"正经营生"。柴可夫斯基要上大学时，父亲再也不同意他学音乐。于是，柴可夫斯基被父亲送进了法学院。18岁毕业那年进入司法部做部长秘书。

按照这样的规划，柴可夫斯基应该可以有一个家人认为很稳当、很舒服的人生。但是，柴可夫斯基偏偏就是一个不愿意按部就班的人。他没有放弃音乐的爱好，即便不得已在司法部上班，也一直在做关于音乐的事。工作期间，他还加入了他们工作单位的合唱团。

在法学院的学生时期，柴可夫斯基还有过一段单相思的恋情。他暗恋一位叫狄希耶·雅朵的法国女歌手。但后来女歌手结婚了，他也就断了念想。

22岁那年，柴可夫斯基决定辞职重新读一次大学，他进入圣彼得堡音乐学院，跟随著名作曲家安东·鲁宾斯坦学习音乐创作。在音乐学院学习期间，柴可夫斯基的成绩非常好，老师也很喜欢这个音乐才子。

受穷谋生

毕业后，莫斯科音乐学院的和声学教授尼可莱·鲁宾斯坦还帮助柴可夫斯基找到一份工作——在莫斯科音乐学院当老师，教音乐史。当时，柴可夫斯基

的父亲已经退休了，挣的钱也不如以前多了，没有多余的钱给儿子。柴可夫斯基没有条件再当"富二代"了，为了不至于每日"吃土"，他高兴地接受了教书的工作，一干就是 10 年。

当时的俄国，在大学里当老师，待遇其实并不是特别好，工资只能用来维持生活，但柴可夫斯基也还能接受，因为从事这份工作可以给他很充裕的时间做他喜欢的、好玩儿的事——作曲。在他当老师的第一年，他就完成了他的第一号交响曲《冬之梦》，可惜演出时并没有收获良好的反响。

金子迟早要发光

34 岁那年，柴可夫斯基写出了他最有名的《第一钢琴协奏曲》，也叫《降 b 小调第一钢琴协奏曲》，但他的钢琴家尼古拉·鲁宾斯坦认为此作品欠佳，以致这部作品在次年（1875 年）才在美国首演，没想到一炮而红，成为柴可夫斯基的"招牌曲目"。

此后柴可夫斯基进入了俄国最著名的民族乐派作曲家圈子。后来，民族乐派"五人强力集团"成员之一、好朋友巴拉基列夫建议柴可夫斯在民族风格的音乐创作上下功夫。柴可夫斯基听了这个建议，当年便写了著名的管弦乐序曲《罗密欧与朱丽叶幻想序曲》。但在此后，柴可夫斯基的作曲风格反而越来越国际化（当时其实是西欧化），逐渐与巴拉基列夫等强调民族音乐素材、民族音乐风格的民族乐派作曲家分道扬镳。

当"偶像"的烦恼

在莫斯科音乐学院教书时，柴可夫斯基也没闲着，谈了一场轰轰烈烈的恋爱。准确地说，是"被"谈恋爱。柴可夫斯基被一个性格偏执的女学生安东妮雅·米

露可娃疯狂追求，这让他痛不欲生。

这位痴情女子先是给柴可夫斯基写了大量的情书，后来还扬言非他不嫁。但其实，柴可夫斯基根本不记得自己班上有这个学生，更何谈恋情？但是这位女学生相当执着，持续地写信表达自己的爱意。

当时，作为文学男青年的柴可夫斯基，正痴迷着俄国著名诗人普希金的诗作《尤金·奥尼金》，还打算把这部诗改编成一部歌剧。结果，这部诗还恰逢其时地反映了现实。诗作中的主角尤金年轻时拒绝了塔琪安娜，以致后来一直活在悔恨当中。这个情节让柴可夫斯基"入戏"了，他将自己想象成了尤金，认为自己不应回绝这段感情。最后，柴可夫斯基就接受了这个女子。

为情所扰

两人最终于 1877 年 7 月 18 日结婚。可蜜月还没结束，柴可夫斯基就后悔了。7 月 26 日，两人回到莫斯科时，柴可夫斯基已经濒临崩溃。

身体患病、精神上也完全崩溃的柴可夫斯基回到故地圣彼得堡。他已经成为一个憔悴至极、濒临崩溃的病弱男子。他的哥哥安纳托利到圣彼得堡火车站接他的时候，几乎都认不出来这个人就是自己的弟弟。安纳托利赶紧将他安顿好，请了医生给他看病。

柴可夫斯基昏迷了整整两天。醒来后，精神科医师建议他彻底改变自己的生活，不要再见那个曾经的女学生、已经成为他的妻子的、让他崩溃的安东妮雅了。自此之后，柴可夫斯基再也没有见过安东妮雅，但因为安东妮雅不愿意，他们甚至没有离婚，但柴可夫斯基会定期寄给她生活费，直到柴可夫斯基去世时，他们都还维持着这样的关系。

休了一年假后，柴可夫斯基尝试回归正常生活，到学校继续教书，但是没多久就放弃了，他决定退休。此后，柴可夫斯基先是在瑞士休养了一阵子，后来便搬到基辅，投靠他的妹妹。

可气的是，柴可夫斯基的出版商尤尔金森尽力为柴可夫斯基争取离婚却始终未果。后来，安东妮雅被诊断出患有精神疾病。而柴可夫斯基并不怨安东妮雅不同意离婚，他相信那是自己命中注定的悲剧，是对他为结婚而结婚的惩罚。

当然，柴可夫斯基的爱情运并非一直这么差，后来柴可夫斯基又邂逅了一位对其影响深远的女人。她是俄国铁路大亨的遗孀，世人叫她梅克夫人。她酷爱音乐，有一群儿女，还资助过许多有名的音乐家。

柏拉图式的感情

在与崇拜自己的女学生的婚姻破裂后的日子里，柴可夫斯基开始和这个热爱音乐的梅克夫人通信。在 1877 年至 1890 年间，他俩的信件多达 1 200 封。后来梅克夫人成为他的资助人，她与柴可夫斯基是一对相互欣赏的朋友。柴可夫斯基后阶段的许多作品都是献给这位夫人的，例如最著名的《第四交响曲》就是为了这位夫人而作。

奇妙的是，两个人从来没有见过面。据说梅克夫人坚持如此，不见面，只通信往来。在机缘巧合下，他们在两个不同的场合中偶然地碰上，不过并没有交谈。

可惜的是，这段关系于 13 年后结束了，原因是梅克夫人自称破产了。这样，书信往来也终止了。

柴可夫斯基因为突然终止的资助而饱受打击，更加消沉。当时梅克夫人也有病在身，而且病情日益严重。

在与梅克夫人书信交往的日子里，柴可夫斯基创作了许多重要的音乐作品，也把一些作品搬上了舞台。有一次，柴可夫斯基在莫斯科演出他自己的歌剧《女妖》时，因为指挥出了岔子，他自己临时补台上场指挥。这次表演，让他发现在舞台上表演也没有什么可怕的，此后他就克服了原有的舞台恐惧症，开始了指挥工作。他逐渐开始习惯在舞台上指挥演奏自己的创作，并常在欧洲各地巡回演出，结识了不少音乐家。

1891 年，柴可夫斯基还受邀到美国指挥演奏自己的作品，当年 5 月 5 日，他在卡内基大厅的开幕仪式中指挥纽约音乐协会交响乐团演出，他的《第一钢琴协奏曲》《弦乐小夜曲》就是在这次演出中出名的。

忧郁离世

1893 年 11 月 6 日，在首演第六号交响曲《悲怆》9 天后，柴可夫斯基死于圣彼得堡的家中。这一年，柴可夫斯基 53 岁，是与梅克夫人断绝联系后、独自忧郁度过的第三年。3 个月后，梅克夫人也因肺病加重，窒息而死。

柴可夫斯基的死疑点重重，官方说法是他喝了被污染的自来水而染病身亡。但是据后来学者的考证，很有可能是他自己服用了砒霜。至今，柴可夫斯基的真正死因还是个未解的谜。

柴可夫斯基死后，被葬于圣彼得堡亚历山大·涅夫斯基修道院的公墓，坟墓就在相熟的民族乐派作曲家"强力五人团"成员亚历山大·鲍罗丁和穆索斯基的附近。

第11章　"朦胧派"德彪西

1862 年—1918 年

> 这位作曲家有两个称号，一个是"印象派音乐大师"，一个
> 是"音乐圈里最爱海的人"。

克劳德·德彪西（1862 年—1918 年）是法国著名作曲家。这位作曲家有两个称号，一个是"印象派音乐大师"，一个是"音乐圈里最爱海的人"。对于第二个称号，估计德彪西乐于接受；但要让他接受第一个称号，德彪西可就不乐意了。要说起这两个称号，还得从德彪西的音乐人生说起。

水手的儿子

德彪西的祖上都是农民，家族里没有出过有文化、有钱、有权、有名声的人物，更没有音乐家。他们家原本在勃艮第，法国中部的一个地区。在约1800 年的时候，他们举家迁到了巴黎。德彪西的爷爷先是卖酒，后来又干木匠活，以维持生计。德彪西的爸爸一开始当海军，当了 7 年，娶妻后定居到了圣日耳曼昂莱（巴黎西部的一座城市），夫妻俩开了一个店，做瓷器生意。

1862 年 8 月 22 日，德彪西出生了，他是家里的第一个孩子。这一年，威尔第的歌剧《命运的力量》在彼得堡首演，而且，1861 年在巴黎上演了瓦格纳修改后的歌剧《汤豪舍》，1863 年比才的歌剧《采珠人》首演，马斯涅的大合唱《达彼得·里奇奥》也于 1863 年在罗马获大奖。但穷得叮当响的德彪西的爸爸怎么也不会想到日后孩子可以与大音乐家的称号结缘，他只想着小德彪西长大后，能和自己一样成为一个海员，这样至少可以维持生计。

当然，也有一种说法是，小德彪西从生下来就特别喜欢大海。虽然出生在城市里，并且在城市长大，但是，每年夏天他都和父母去戛纳避暑，幼小的德彪西就自然地迷恋上了大海。所以，他的爸爸就特别希望能培养他当一名海员，这样就可以天天见到大海了。

在小德彪西 8 岁的那年，他的祖国法国和普鲁士打了一仗，德彪西一家就搬到了法国南部小镇戛纳，投靠他的姑姑。

幸运儿

在少年德彪西的内心深处，出现了比大海更令他着迷的事物，那就是音乐。虽然德彪西并非出身音乐世家，也没有良好的音乐环境，但德彪西十分热爱音乐，在幼年时就显露出出众的音乐才能。10 岁那年，姑姑为他安排了钢琴课，由一位意大利女钢琴家担任教师。她曾经跟著名的音乐家肖邦学过钢琴，不仅技术好，而且十分善良。她免费给小德彪西上课。

小德彪西很有音乐天赋，也很用功。他十分珍惜这个机会，学习的比一般孩子要努力得多，仅学了一年有余，小德彪西就考上了巴黎音乐学院。

"艺术生"

德彪西在巴黎音乐学院学习了 12 年。巴黎音乐学院是音乐家的摇篮，能在那里教课的老师，都是当时法国乃至世界上顶尖的音乐家。德彪西的作曲课、音乐理论及历史课、和声课、钢琴课、风琴课、声乐课的老师们，几乎都是当时的知名音乐家。

德彪西是个音乐神童，只看谱就能唱出准的音乐，钢琴也弹得非常好，可以登台进行专业演奏。他曾演奏过贝多芬、舒曼和韦伯的钢琴奏鸣曲，肖邦的《第二叙事曲》等音乐作品。

在音乐学院学习时，德彪西很早就显露出了他的创新精神和天赋。他在自学作曲的过程中，始终保持着一种想要打破成规、探索新的音乐世界的愿望。为了找出一种有新意的、好玩的音响效果，他常常在钢琴上"铛铛铛"地弹奏。学校老师教的传统的作曲技术规则他全然不用，故意反着来，想要创新。为此，他常常伤透老师们的脑筋，也因此受到老师们的批评。

外国游历

在音乐学院学习的那些年，可能是出于勤工俭学的需要，18 岁的德彪西还给人当家教，在一个富有的俄国贵夫人——梅克夫人家里教钢琴。这位梅克夫人就是著名的俄国作曲家柴科夫斯基的书信朋友，俄罗斯音乐协会的秘密贵宾级会员。她曾资助过尼古拉·鲁宾斯坦、柴可夫斯基等人，当然，德彪西成为她的家庭音乐教师之后，也得到了她的资助。

跟着梅克夫人，德彪西有机会到欧洲各地，如佛罗伦萨、维也纳、威尼斯等地旅行，还在梅克夫人在俄罗斯的庄园里住了一段时间。这段时间的游历使他受益匪浅。

东方音乐

在俄罗斯，德彪西遇到了一些俄国本土的作曲家，如穆索斯基、格林卡等。他们正在努力从民间音乐中汲取营养，创作有独特民族风格的音乐。他们被称为俄罗斯民族乐派作曲家。

德彪西对这些俄国音乐家所使用的音阶非常感兴趣。与当时主流社会常听到的大调、小调音阶相比，这些音阶非常奇特，它是建立在俄罗斯民间音乐基础之上的音阶，有一种狂热的东方民族风味。

学业有成

一年以后，德彪西回到了学校，完成音乐学院的课程。1884 年，22 岁的德彪西以大合唱《浪荡儿》荣获他梦寐以求的罗马大奖。罗马大奖是法国巴黎艺术院每年为绘画、雕刻、建筑、音乐竞赛的优胜者颁发的奖励，音乐奖是自 1803 年开始设立的。这个大奖很难获得，这说明德彪西已经是一个非常了不起的作曲家了。

留学罗马

与此同时，德彪西还获得了一份奖学金和前往设在意大利罗马的法兰西学院留学 4 年的资格。从此，他的创作活动逐渐频繁起来，同时，他还广泛结交了当时欧洲最活跃和最有影响的作曲家。

1888 年，德彪西没有完成在罗马的学业，就离开了那里，到德国拜罗伊特参加音乐节，在那里他被瓦格纳式的歌剧震撼了。他在拜罗伊特待到 1889 年才回到巴黎。瓦格纳早在 1883 年就去世了，但是他的音乐风格影响了青年德彪西。

全音音阶

在 1885 年至 1887 年的 3 年留学期间，他向艺术院提交了他创作的《朱丽玛》《春天》等作品。但值得注意的是，德彪西写的音乐与别的音乐家写的音乐完全不同，他不常使用那些传统古典音乐中所用的大调和小调音阶。有时，他会回到早期教堂音乐的那些有点古怪的古老调式上去，他还经常使用一种全音音阶。

单说大调、小调、教堂调式、全音音阶，可能不太好明白，需要解释一下。我们常用的大调和小调音阶是由 7 个音组成的，它们像台阶一样，1、2、3、4、5、6、7，一个连着一个。一组完了以后，再循环一遍，连成 1、2、3、4、5、6、7、1、2……如果每两个音之间算是一个台阶的话，那么在大调音阶中，第一个音和第二个音之间是一个大台阶，第二和第三之间、第四和第五之间、第五和第六之间、第六和第七之间也都是大台阶，而第三和第四之间、第七和第八（也就是循环的第一）之间是小台阶，这个小台阶相当于半个大台阶。通常，一个大台阶被叫作一个全音，一个小台阶被叫作一个半音。1、2、3、4、5、6、7、1这一组音阶之间，总共有5个全音和2个半音。

与大调相同，小调音阶也有5个全音和2个半音，但是它包含的半音不是在第三和第四以及第七和第八个音之间，而是在第二和第三音、第五和第六个音之间。因为全音和半音的位置不一样，所以听起来小调和大调就有所区别。打比方说，一个听起来比较明亮，像太阳光；一个听起来比较暗淡，像月光。总归都比较好听。很长一段时间，所有的作曲家都是在这两种音阶的规则下进行作曲的。

但德彪西的喜好就非常独特，他偏偏不用这大众认为好听、正常的音阶，而是自己当发明家，创造了一种音阶。他干脆把两个小台阶给合并成一个大台阶，其他不变。这样，就等于去掉1个音，用6个音完成一组，循环反复。这样的话，他的旋律听起来同任何过去的音乐都不一样，而他的和弦（多个音同时发声）就更加独特了。但德彪西就喜欢这样，他运用他所偏爱的全音音阶，构筑起他与众不同的音乐世界。

朦胧音乐

正如绘画中用调色盘调颜色一样，音乐也可以调色。一种颜色往往是由一些别的颜色调成的，例如，紫色等于蓝色加上红色，橙色等于红色加上黄色，绿色等于蓝色加上黄色，灰色等于黑色加上白色或其他颜色，等等。不同音同时发声，不同乐器的组合同时发声，都会有不同的音响效果，有的明亮，有的暗淡，有的尖锐，有的甜美，有的令人感到不安，有的让人觉得舒适，有的非常清晰，有的模糊朦胧。

德彪西就创造了一种模糊朦胧的音乐。他使用管弦乐队里各种乐器的不同组合，来创造一种柔和的、闪烁的音响效果。起初人们感到比较困惑，不知道怎样理解它，因为它和往常听到的音乐的确太不一样了，简直就不是音乐。但是听着听着，就逐渐习惯了，因为在听这种音乐的时候，脑子里总能浮现出很美妙的画面，内心也会不由自主地随着音乐而产生丰富的变化，时而哀怨低沉，时而激情澎湃。随着历史的推进，电影电视音乐逐渐兴起，越来越多的人开始理解并喜欢它了。

印象派

德彪西创造的这种音乐风格，正好和当时美术界兴起的一种"画风"相似，人们称之为"印象主义"或"印象派"。在 19 世纪的最后 30 年，它成为法国艺术的主流，并影响整个西方画坛。

19 世纪中叶，有一些比较"另类"的画家，不按照传统的画法画画，和正统的学院派的画家们反着画。传统的古典主义、浪漫主义画家基本都在屋子里作画，画一些宗教或者世俗题材的人物、器物、场景等，而这些"另类"的画家却非要倡导走出画室，描绘自然景物，以迅速的手法把握瞬间的印象，使画面呈现出新鲜生动的感觉。

古典主义绘画偏重理性，注意形式的完美，重视线条的清晰和严整。浪漫主义绘画主张有个性、有特征的描绘和情感的表达，构图变化丰富，色彩对比强烈，笔触奔放流畅，画面具有强烈的感情色彩和激动人心的艺术魅力。而革新派却反对这些，他们认为古典主义因循守旧，而浪漫主义又太能虚构臆造，都不好。

革新派画家的先锋人物是法国画家塞尚、西斯莱、雷诺阿等人。1874 年，一位名叫路易·路罗瓦的美术记者去参观革新派的画展。其中莫奈的一张题为

《印象·日出》的风景画引起了记者的注意，这张画描绘了勒阿弗尔港晨景，但在笔法上很不合常规。于是，记者刻薄地评论道："果然是印象，朦朦胧胧、不可捉摸、拙劣的画。"

原本他们以为这个略带贬义的评论应该受到革新派的反击，但没想到的是，自此以后，莫奈、西斯莱和雷诺阿等人还反其意用之，干脆就自称为"印象派"了。在那个时期，印象派应该算是危险思想的代名词。许多艺术家都怕被贴上这个标签，因此躲得远远的。德彪西被认为是印象派音乐的代表，但他本人并不喜欢这一称谓。他曾说："那些为铲除陈旧的传统灰尘而努力的人们，立刻会被扣上象征派、印象派一类的帽子。"

小试牛刀

在罗马留学时期，德彪西向艺术院提交了他创作的作品，艺术院负责审查的人员曾警告他说："对这种暧昧模糊的印象主义倾向，应有足够的警觉。"一些作家认为德彪西是一位"象征主义者"而非"印象主义者"。不管是什么主义，德彪西的音乐已经和古典主义、浪漫主义音乐非常不一样了。在他的作品中听不到古典主义音乐的严谨结构、深刻的思想性和逻辑性，也听不到浪漫主义音乐的丰富情感，取而代之的是奇异的幻想因素、朦胧的感觉和神秘莫测的色彩。他的和声细腻、繁复，配器新奇而富有色彩，旋律略带冷漠飘忽的感觉。这都是古典主义音乐和浪漫主义音乐所不具备的。这种风格对同时代以及后世其他作曲家的创作都产生了深远的影响。

1889 年，巴黎举行世界博览会，那也是世界著名的建筑巴黎埃菲尔铁塔建好的一年。德彪西去了巴黎，在博览会上，他听到了爪哇岛的甘美兰的演奏，对印度尼西亚音乐印象深刻。因为它的音阶、调式、色彩，与西方音乐太不一样了，简直颠覆了他的认知。

1890 年以后，德彪西又结识了象征派诗人马拉美，并且加入了以马拉美为首的巴黎文艺沙龙。在这里，德彪西结识了许多青年艺术家。他经常参加他们的艺术讨论聚会，这些艺术家们的一些全新的艺术观点和思想深深地影响了德彪西，他开始为他们写的诗歌谱曲。

确立风格

1894 年，德彪西创作了一首前奏曲，叫《牧神午后》，真正确立了他的"印象主义"艺术风格。从这部作品开始，到 1899 年的《夜曲》、1902 年的歌剧《佩利亚斯与梅丽桑德》，德彪西逐步确立了他的作曲风格，到 1905 年发表交响诗《大海》时达到了顶峰。这 10 年间，德彪西创作出了他最伟大的音乐作品，同时也经历了他最曲折的婚变人生。

出轨的婚姻

1899 年 10 月，德彪西结婚了，妻子是一个叫露莎莉的服装模特。她非常美丽，而且贤惠温柔，不过，缺少"艺术细胞"，对音乐知之甚少。作为德彪西那样的天才音乐家的妻子，露莎莉这一点是一个比较明显的缺陷。时间长了，德彪西可能就受不了了。5 年后，因为感情不和，德彪西与露莎莉分开了，和艾玛在一起了，艾玛是一个富有的银行家的夫人。

德彪西倾心于艾玛是因为她的才华。因为艾玛是一位才貌双全、活跃在歌坛上的业余歌手。作曲家弗莱甚至为她献上歌集《优美的歌》。因为艺术而惺惺相惜，也可以被人理解。但是，在伦理道德层面，社会舆论却不能同情他。尤其是结发妻子露莎莉由于发现丈夫出轨而选择自杀，虽然未遂，却也非常痛苦。这引来了友人们对德彪西的极力谴责，连曾经对他抱有期望的人、最亲密的朋友也不理这位艺术家了，大家一致认为"他再也写不出好音乐了"。他受到了前所未有的冷遇。

《大海》

　　还真被大家说中了，自从与艾玛在一起之后，德彪西发表的作品就突然变少了。但其实，大家冤枉他了。德彪西并没有停止在作曲方面的努力，他正憋着劲、一心一意地进行大创作！这个大创作，就是交响诗《大海》。

　　1905 年 3 月，德彪西终于写完了交响诗《大海》。当年 10 月，这部作品首演了。但是，由于之前的丑闻，德彪西连同自己的新作品一同受到了保守派的攻击。不过也有人承认这部乐曲的价值，给予了很高的评价，称交响诗《大海》是德彪西最具有代表性的交响曲之一。它的意义和歌剧《佩利亚斯与梅丽桑德》一样重要。

《佩利亚斯与梅丽桑德》

　　说起歌剧《佩利亚斯与梅丽桑德》，也有一段故事。德彪西长久以来都想写一部歌剧，所以一直在找较为理想的歌剧剧本。1893 年 5 月，他在剧院看了一场戏，很受感动。这部剧，就是《佩利亚斯与梅丽桑德》，它是比利时剧作家梅特林克的作品。演出结束后，他立刻通过朋友找到了梅特林克，向他提出了改编歌剧的请求。

　　当时的德彪西才 31 岁，还没有什么名气，而梅特林克已经成名了。一开始德彪西还担心梅特林克不会答应他，没想到梅特林克爽快地接受了这位无名青年作曲家的请求，允许德彪西按照自己的意愿将《佩利亚斯与梅丽桑德》改编为歌剧。德彪西对梅特林克的好意十分感激，他立刻专心致志地埋头作曲，经过两年的努力，这部歌剧《佩利亚斯与梅丽桑德》于 1895 年夏季完成了。

　　可惜，歌剧写完后就一直被搁置了，也许是因为一系列生活上的烦恼，或者是没有演出条件等其他原因，德彪西并没有机会及时把这部歌剧搬上舞台。

直到 6 年后的 1901 年 5 月，他才和巴黎喜剧歌剧院议妥，计划在下一个季度里上演这部作品。于是，他立刻埋头苦干，认真整理了总谱，做好了排演的准备。

拒绝演艺圈"潜规则"

但是，在真正排演时，又出了一件事。因为分配演员角色的问题，又闹了一场风波。当时，剧作者梅特林克和德彪西在洽谈这部歌剧的上演时，曾经有

过默契，那就是要让梅特林克的情人乔治艾特·鲁普兰来扮演主角梅丽桑德。但后来德彪西反悔了，他想请苏格兰演员玛丽亚·戈登来扮演主角梅丽桑德。对此，梅特林克十分恼怒，就找到德彪西，同他争吵。

但德彪西坚持要让玛丽亚来演。于是梅特林克就采取了其他手段来阻碍首演。梅特林克在《佩利亚斯与梅丽桑德》首演前，抢先在《费加罗报》上发表声明，说《佩利亚斯与梅丽桑德》的上演违背了原作者的意图。然而，具有讽刺意义的是，他的这种做法真是搬起石头砸自己的脚，因为这反而引起了人们对这部歌剧的关注。

《佩利亚斯与梅丽桑德》首演前公开排练时，排练场内空前混乱，讪笑声和责骂声汇成一片，据说指挥梅萨杰指挥完最后一个音符后竟然放声大哭。然而，正式首演却异常平静。许多大名人，如拉斐尔、孟德斯鸠等文学家、作曲家、思想家都前来观看。德彪西和他的《佩利亚斯与梅丽桑德》一时声名大噪。

对歌剧《佩利亚斯与梅丽桑德》首演的评论，在预期之内，除了一部分进步评论家和作曲家之外，其他基本都很刻薄，但这不妨碍这部伟大的作品成为印象主义音乐不朽的名篇。

生命的尾声

德彪西生命的最后 10 年，是他艺术创作的巅峰时期，许多伟大的作品都是在这一时期完成的。这段时间，德彪西也经常在欧洲各国演奏与指挥自己的作品。年过半百之后，德彪西开始被癌症困扰，身体日渐衰弱。

1918 年 3 月 25 日，德彪西因癌症在巴黎的家中去世，享年 56 岁。逝后，按照德彪西"死后在树木和鸟儿中长眠"的遗愿，人们把他的遗体埋葬在了帕西公墓。他的妻子和女儿也同他葬在一起。

第12章 "战斗音乐家"肖斯塔科维奇

作曲家代表作

肖斯塔科维奇

大型声乐作品：《森林之歌》

室内乐：《第十一弦乐四重奏》

交响曲：《第二交响曲》（"十月"）《第三交响曲》（"五一"）《第七交响曲》
（"列宁格勒"）《第十一交响曲》（"1905"）

歌剧：《鼻子》《姆钦斯克县的麦克佩斯夫人》

1906 年—1975 年

" 肖斯塔科维奇传承着革命者的基因。"

德米特里·德米特里耶维奇·肖斯塔科维奇（1906年—1975年），苏联最重要的作曲家之一，20世纪世界最著名的作曲家之一。肖斯塔科维奇曾经荣获苏联人民演员称号、社会主义劳动英雄称号，还曾经被授予苏联国家奖章、俄罗斯社会主义联邦国家奖、西贝柳斯奖以及国际和平奖。他的一生，可以说是围绕政治和艺术勤奋工作的一生。

政治基因

肖斯塔科维奇传承着革命者的基因，他的祖籍并不是俄国，而是波兰。他的曾祖父叫彼得·肖斯塔科维奇，爷爷叫鲍列斯拉夫·肖斯塔科维奇，这二人都曾在年轻的时候参加过波兰反抗俄国的起义运动，结果两次起义都失败了，彼得还被流放到边境。

肖斯塔科维奇的爸爸迪米特里·鲍列斯拉夫维奇·肖斯塔科维奇比较文气，不喜欢打打杀杀，没有卷入政治和战争。他学习成绩很好，从俄国最好的大学之一圣彼得堡大学毕业，曾在著名化学家门捷列夫创立和主持的度量衡检定总局任督察长，后来又当过军火商务经理人。他娶了一位优雅的女子——钢琴家索菲亚·瓦西里耶夫娜·科柯林娜，她曾在伊尔库茨克贵族女子学校学习语言和钢琴，后进入彼得堡音乐学院学习。

艺术家庭

肖斯塔科维奇是在圣彼得堡出生的。毫无疑问，他的家境殷实，爸爸妈妈都是高级知识分子，而且都喜欢音乐。妈妈是钢琴家，爸爸也爱唱歌，还特别喜欢唱吉卜赛人的抒情歌曲。吉卜赛人是欧洲非常著名的流浪民族，他们居无定所，音乐也非常有特色。可以说，小肖斯塔科维奇就是听着这些歌曲长大的。

肖斯塔科维奇的母亲曾在彼得堡音乐学院跟随著名的钢琴家罗扎诺娃学习，后来她干脆把肖斯塔科维奇也交给这位女教师，也让他跟着学钢琴。

音乐天资

小肖斯塔科维奇从 9 岁开始学钢琴。他的第一个老师当然是他的妈妈。在她的指导下，肖斯塔科维奇在格利亚塞尔音乐学校接受音乐教育。他很聪明，也非常勤奋，不论做什么，总是力求做到最好。他学得很快，两年之内，就弹完了巴赫《十二平均律》。而且，不仅是音乐，他在学校的各门课程上的成绩都很优秀。

几乎在学钢琴的同时，肖斯塔科维奇就开始作曲。他对政治十分敏感，那么小，就创作了反映国家历史革命题材的现实主义音乐作品，包括钢琴曲《悼念革命牺牲者葬礼进行曲》《自由颂》。这是一个 11 岁的孩子对 1917 年的二月革命的感受。这些作品为肖斯塔科维奇一生的音乐创作定下了基调：反映重大现实生活主题，满怀激情地表达作者的感受与态度。

专业学习

13 岁那年，肖斯塔科维奇考入圣彼得堡音乐学院，这是俄国的最高音乐学府。尼古拉耶夫教他钢琴，斯坦因伯格教他作曲。专业学习让他大开眼界，这期间，他对斯特拉文斯基、勋伯格、欣德米特、法国"六人团"的音乐产生了兴趣，自己的创作也倾向现代潮流。

但是，他的家庭境况却越来越差了。16 岁那年，肖斯塔科维奇的父亲患肺炎去世，留下了肖斯塔科维奇和他的妈妈、姐姐、妹妹。他们没有任何维生之计，只能变卖家产，先是卖了钢琴，但还是付不起房租。没办法，家里的两

个大孩子先去工作挣钱。肖斯塔科维奇是家里唯一的男孩子，自当挑起重担，他用弹琴这门手艺，在一个剧院的电影院里弹钢琴，为默片配乐。

在外打工

在剧院弹钢琴为银幕上的人的喜怒哀乐配乐，按理说也应该很有意思，但其实并不是那样的。这工作又烦又累，工资还低得可怜。但是肖斯塔科维奇还是得去做，因为家里实在是太困难了，哪怕是那么微薄的工资，他也是需要的。

干活苦倒罢了，还受欺负。好不容易做完一个月，该领工资了。老板却给他设了个圈套："小伙子，你爱艺术吗？伟大、崇高、不朽的艺术？"这一问让肖斯塔科维奇忐忑不安，他回答说"热爱艺术。"这下可好，老板顺势说："假若你爱艺术，那么年轻人，现在你怎么能向我提起金钱呢？"接着就是一通漂亮的艺术伟大论的演讲，中心思想是热爱艺术就不该要工资，要工资就是玷污了艺术。这种无赖的做法让肖斯塔科维奇非常厌恶，他又去找了老板几次，但还是白跑。到最后，工资还是只付了一部分。他不得不通过打官司来讨回公道。

"多愁多病身"

眼前的困难实在太多了，温饱问题都没有解决，还被病痛折磨。肖斯塔科维奇得了肺结核，这疾病把他折磨了将近 10 年。生病总是难受的事，但是最糟的是在缺乏食物的时候生病。有时，饭吃不上，肖斯塔科维奇饿得连挤上电车上学的力气都没有。没有办法，他只能一大早就出门，步行去音乐学院。

从童年时代开始，肖斯塔科维奇就认定，勤奋就是一切，这句话成为他的人生信条。他在音乐学院努力地学习，比许多人都用功。虽然他非常聪慧，但是从来没有以天才自居，是个好学生，也从来不逃课。

勤奋好学

但是，在国家困难时期，想要做一个用功的学生也并不那么容易，甚至连教课的老师也不太下功夫。例如，肖斯塔科维奇的钢琴教授尼古拉耶夫，他是个文质彬彬、文雅、爱美、对衣着很讲究的人。冬天，学校没有取暖设备，太冷了。这位教授又穷，原有的大衣破了，又没钱买新的。他又爱面子，不想穿得破破烂烂的就出来，于是就想了一个"好办法"——故意迟到。来上课的学生发现老师没来，等得不耐烦就走了，教授正好也可以不用上课。但是，肖斯塔科维奇每次都静静地坐着，一直等到教授来给他上课。

肖斯塔科维奇在念书的时候，特别崇拜著名作曲家里姆斯基，这也不难理解，一是这位作曲家在本国的影响力实在太大了，二是他自己的作曲教师斯坦因伯格，就是里姆斯基的女婿。在作曲上，肖斯塔科维奇一直都是里姆斯基学派的忠实追随者，他晚年创作的《第十一弦乐四重奏》中的一个片段，就是对里姆斯基的著名作品《野蜂飞舞》的模仿。

20多岁的时候，肖斯塔科维奇有一次到一个指挥家的家里做客。他们一起用唱机听了一首流行的狐步舞曲。这首曲子的旋律好听，但配器欠佳。肖斯塔科维奇就对这个指挥家说了他的意见。听了这话，指挥家突然说："噢，是吗？好，那你把调子记住，配好器，我来演奏它。当然，我只给你一个小时。假如你真是天才，就应该能在一小时内完成。"结果，肖斯塔科维奇在45分钟内就完成了配器。

肖斯塔科维奇在17岁和19岁的时候，先后从钢琴专业和作曲专业毕业，他修了两个学位。他的毕业作品《第一交响曲》写得很精湛，当时由一个著名的乐队在圣彼得堡音乐厅演出，由顶级指挥执棒，立即引起了轰动。人们都喜欢这部作品，这首交响乐很快就出了名。它后来成了意大利指挥家阿尔图罗·托斯卡尼尼的演出保留曲目，所到之处几乎引起了轰动。肖斯塔科维奇也因此出

名，被誉为新一代音乐家中最出类拔萃者之一。

肖斯塔科维奇的成功主要源于他的勤奋。他自己说："作曲是不可能轻而易举地从敞开的大门登堂入室的。你得用自己的手去接触，去摸索每一样东西。我们的工作从来都要花体力去做，而且还没有什么机器或技术可以帮忙。"他看不起一些同行甚至是"大师"的做法——自己只写主要旋律和作品主体结构，配器由别人代劳。他觉得这种做法很不体面，这种人太懒。在有生之年，肖斯塔科维奇没少嘲讽这种创作"增产"的方式。

实干派

肖斯塔科维奇是位非常务实的作曲家，他不会把"灵感"之类的挂在嘴上，而是十分强调苦练音乐技巧。曾经有一个学生向他诉苦，说自己在写一部交响曲，可是找不到音乐主题可写。肖斯塔科维奇回复他说："你不应该寻找什么主题，你应该直接写第二乐章。"他也不喜欢依赖钢琴作曲，因为他觉得自己听觉好、乐感好，根本没有必要用钢琴辅助，这种方式只适合听觉不好的人和乐感很差的人。

自《第一交响曲》成名之后，肖斯塔科维奇就开始了他的职业创作生涯，在革命岁月里，他的创作可谓是紧跟时事政治，以新风格、新技法表现革命变革的新主题。他的《第二交响曲》又叫《献给十月》，是歌颂十月革命的，采用了 13 个独立旋律线条的喧嚣结合，表现人民大众从黑暗、愚昧走向觉醒、斗争、胜利的历程；《第三交响曲》又叫《五一》，描写了街头、广场群众集会的情景。

肖斯塔科维奇还创作了大量的戏剧音乐，包括 2 部歌剧、2 部舞剧、5 部话剧配乐以及 4 部电影音乐。他一贯喜欢用讽刺、搞怪的手法来创作。例如，第一部歌剧《鼻子》，就以怪诞的手法对趾高气扬而又心灵空虚、丑恶的旧俄

官员加以讽刺。这可能有点针砭时弊的意思，但当时苏联舆论对此歌剧毁多于誉，它在首演后即湮没无闻，30 多年后才重新上演并得到肯定。

冰封25年的作品

肖斯塔科维奇的《第四交响曲》是他的第一部哲理性悲剧交响曲，表明他的交响创作发展到一个新阶段。由于社会气氛的严峻，他不得不取消这部作品的公演。过了 25 年这部作品才首次公演。在这些年里，有些报纸报道说他把这首交响乐束之高阁是因为对它不满意。肖斯塔科维奇对这些报道毫不在意。25 年后，当这首交响乐最后又排练时，他连一个音符也没改。指挥建议进行一些删减，他断然拒绝。正如其他长期禁锢后的作品重新"复活"时一样，《第四交响乐》经受住了时间的考验，取得了惊人的成功。

《第七交响曲》

《第七交响曲》是肖斯塔科维奇在苏联卫国战争爆发后约 1 个月开始写作的，仅用 3 个多月就写完了，大部分总谱是在战火纷飞的被围困的圣彼得堡写出的。这部交响曲极大地鼓舞了苏联人民的抗敌意志。这首乐曲的主题其实从莱哈的小歌剧《风流寡妇》中的一首流行曲调而来，还藏了一个玩笑：在俄国，用这个旋律唱的歌词是"我要去看马克西姆"，而肖斯塔科维奇的小儿子就叫马克西姆。

"20世纪最伟大的作曲家之一"

随着国内政治环境的变化，肖斯塔科维奇精神压力越来越大，他从小身体就不好，这时身体就更差了。1966年，他患了心脏病，第二年又不小心摔断了腿，十分痛苦。肖斯塔科维奇自己独自出不了门了，每次到公共场合都必须由他的妻子伊丽娜·苏宾斯卡娅陪着。他的嘴不停地发抖，好像随时要哭；右手也坏了，伸出右手时还得用左手托着，他只能认真地练习用左手写字，担心右手会完全失去能力。

虽然疾病缠身，但肖斯塔科维奇仍创作了 27 部作品，其中大部分为多乐章的套曲。他仍采用政治性题材，如为纪念斯大林格勒战役的英雄们所作的《哀悼和胜利前奏曲》等。但他更倾向于采用有关人生哲理的题材，在他的作品里，悲哀、孤独、死亡的主题增加了，音乐语言更加复杂化了，风格也有了新的发展。

1975 年 8 月 9 日，肖斯塔科维奇死于肺癌，被葬在莫斯科新圣女公墓。他的死讯惊动了全世界。西方国家称他为"20 世纪最伟大的作曲家之一"。

图书在版编目（CIP）数据

古典音乐家就是这样子！：12位音乐大师的妙趣人生 / 乐同和著；骑士映画，鹭汀绘. -- 北京：人民邮电出版社，2020.8
ISBN 978-7-115-54054-6

Ⅰ. ①古… Ⅱ. ①乐… ②骑… ③鹭… Ⅲ. ①古典音乐－音乐家－生平事迹－世界 Ⅳ. ①K815.76

中国版本图书馆CIP数据核字(2020)第085145号

内 容 提 要

　　古典音乐气势恢宏，内涵厚重，无数富有才华的音乐创作者和演奏者共同铸就了辉煌的古典音乐史，其中不乏名垂青史的大师级人物。"天才和疯子只有一线之隔"，他们的才华令人惊叹，而他们与众不同的性格特质又造就了属于他们的不同的传奇，他们的故事也因此令人津津乐道。

　　本书作者用诙谐、幽默的语言，为读者讲述了巴赫、海顿、莫扎特、贝多芬、帕格尼尼、舒伯特、肖邦、舒曼、李斯特、柴可夫斯基、德彪西、肖斯塔科维奇等 12 位古典音乐大师的轶事，并配上可爱的 Q 版漫画，让读者以全新的视角了解音乐大师们的人生。

　　本书适合对古典音乐历史、古典音乐大师感兴趣的读者阅读。

　◆ 著　　　　　乐同和
　　绘　　　　　骑士映画　鹭　汀
　　责任编辑　　魏夏莹
　　责任印制　　陈　犇
　◆ 人民邮电出版社出版发行　　北京市丰台区成寿寺路 11 号
　　邮编　100164　　电子邮件　315@ptpress.com.cn
　　网址　https://www.ptpress.com.cn
　　涿州市般润文化传播有限公司印刷
　◆ 开本：880×1230　1/32
　　印张：6　　　　　　　　　　　2020 年 8 月第 1 版
　　字数：183 千字　　　　　　　2025 年 1 月河北第 24 次印刷

定价：58.00 元

读者服务热线：(010)81055296　印装质量热线：(010)81055316
反盗版热线：(010)81055315
广告经营许可证：京东市监广登字 20170147 号